傻瓜炒股手册

宋子强◎著

光明日报出版社

图书在版编目（CIP）数据

傻瓜炒股手册 / 宋子强著. —北京：光明日报出版社，2014.10
ISBN 978-7-5112-7250-8

Ⅰ. ①傻… Ⅱ. ①宋… Ⅲ. ①股票投资—手册
Ⅳ. ①F830.91-62

中国版本图书馆CIP数据核字(2014)第210565号

傻瓜炒股手册

著　　者：宋子强　著

责任编辑：庄　宁　　　　责任校对：张　翀
封面设计：三鼎甲　　　　责任印制：曹　诤

出版发行：光明日报出版社
地　　址：北京市东城区珠市口东大街5号，100062
电　　话：010-67022197（咨询），67078870（发行），67078235（邮购）
传　　真：010-67078227，67078255
网　　址：http://book.gmw.cn
E-mail：gmcbs@gmw.cn　zhuangning@gmw.cn
法律顾问：北京天驰洪范律师事务所徐波律师

印　　刷：北京紫瑞利印刷有限公司
装　　订：北京紫瑞利印刷有限公司
本书如有破损、缺页、装订错误，请与本社联系调换

开　　本：787mm × 1092mm　1/32
字　　数：135千字　　　　印　　张：7
版　　次：2014年10月第1版　印　　次：2014年10月第1次印刷
书　　号：ISBN 978-7-5112-7250-8

定　　价：49.00元

傻瓜相机让傻瓜也能拍照，傻瓜式用户界面让电脑走进寻常百姓家，傻瓜炒股手册也一定能让普通股民炒股得心应手。

毛主席领导全国人民翻身解放，邓小平领导全国人民脱贫致富，宋子强率领广大股民扭亏为盈。

作者序

我一直觉得，股市如同菜市，百姓可以自由进出，不至于很复杂，一听别人说股价跌破某日均线将如何如何，我就头脑发胀，晕头转向。我不得不反问自己，股市真的有那么深不可测吗。

十几年的股债，搞得我寝食难安，夜不能寐。百无聊赖之际，我就反问自己：股票的本质是什么？股市的本质是什么？炒股行为的本质又是什么？经久的冥思苦想让我豁然开朗：其实，炒股并不像一些人说的那么神乎其神。我们不是学者，也不想当什么专家，我们只想养家糊口，用得着搞那么深奥吗？在一些人看来，股票如同长了脑袋一样，怎么地之后就会如何，像自然界中有意识的野生动物一样有自觉行为，我倒觉得股票更像被人牵着走的经过驯养的家畜，走势的人为色彩更浓。

老婆大人问我：书那么薄，价格是不是有点高。我倒不以为然，小说厚一定是故事多，菜谱也是如此。可方法就不同了，你不能用书的薄厚来评判点子的高下吧？我卖的是方法，是技能而不是纸墨。这本小册子绝对是专利级的，价值连城。十万字我也能写，又不是没写过。讲讲历史，分析一下国际国内形势，办法多了，可那又有什么用呢？白白浪费读者的时间，谋财害命不说，也不环保。一款最便宜的炒股软件每年的使用费也要一千元左右，贵一点的每年费用高达数万。一个能使你日盈利高达零点几个百分点的炒股方法到底值多少钱，想必是大家在心里都有个小九九，关键是要物有所值，用起来得心应手。书中的办法究竟怎样，买回家试试就知道了，绝对不会让你失望。这本书的售价，对于股本一万元的炒家来说，也就一两天的炒股盈利额，网络版就更便宜了。相比之下，还是书比较易读，用起来也方便。何去何从全凭君定夺，只是别太小气了，要知恩图报。

炒股是一种谋生手段，可以养家糊口，是真正自由的职业，可以单打独斗。

好了，就啰嗦到这儿，还是让读者自己琢磨吧，恭喜发财！

前　言

本书内容分为两个部分，第一部分共八章，属炒股应知应会，第一章写炒股理念，第二章普及炒股知识，第三章领你进门，第四章教你运作，第五章帮你选个助手，第六章告诉你如何对待信息，第七章给你一些炒股忠告，第八章教你如何休眠，如何金盆洗手、告老还乡。第二部分是知识和技能的拓展，由二十四个专题组成，简单介绍了主要流行的股票理论，并就相应议题进行了论述。都是精髓，绝不拖泥带水。

目 录

第一部分 入门

第二部分　提高

第一部分　入门

第一章　用心经营

巴菲特2014年在致股东的信中，引用本·格雷厄姆《聪明的投资者》中的一句话“像做生意一样对待投资是最聪明的”作为开场白，我不知道本·格雷厄姆是谁，也没看过《聪明的投资者》，只是觉得这句话非常有道理。大多数初入道的股民，都是先开个账户，在里面放上一笔钱后，就开始股票买卖，也没个章法可循，今天赚了，明天赔了，给人车轱辘战的感觉，似乎只要不撤出战场就没个输赢，谈到股票赔赚大都非常尴尬。

其实，我们完全可以像经营企业一样对待投机炒股，请注意，我这里用的是“投机”而不是“投资”，据说在美国要根据公司的效益炒股，我没炒过美国股票，也不知道是真是假，反正在中国不是这个样子，一元多效益的股票才八九元，而年盈利仅几分钱的股票，股价竟达几十元甚至上百元，一些绩优的银行股，股价近期一直在个位数上徘徊，而个别的ST股，股价却在两位数上上蹿下跳。股票当然可以投机，但起码也应该围着效益转吧，题材炒作不是不可以，但总要有个限度吧，现阶段中国股市就是有点不正常，一元股可以讲投资，十元股就只能投机了，股票回归投资是早晚的事。

自己拿出一笔钱或者集资作为炒股本金，千万不要借钱炒股，一是拿着别人的钱赚自己的钱不仗义，即使付利息也不好，很容易落得人财两空；二是心理负担会很重，担心赔了还不上，这样会影响水平发挥。

最好定个章程或炒股说明之类的东西，规定炒股统计和盈亏计算周期以及股票账面盈亏的处置方式。如一般可规定炒股按月统计，年终结算，操盘手与出资人按3:7分摊盈亏，如果年内盈利，则盈利的50%用于分红，盈利的30%用作风险基金，以补偿股票亏损，盈利的20%用于增加股本，以便扩大再生产。按出资人出资比例分派红利，再融资部分可转股，股份可在内部转让，不得撤资，散伙按出资比例清算等等。

每次炒作盈利，都需要随时转到银行账户上，不得作为本金再参与股票炒作活动。

朋友亲，账目清；凡事都要先小人，后君子。

炒股可以作为一种谋生的手段，并藉此养家糊口，是真正意义上的自由职业，适合单打独斗，孤军奋战，其利润来源于股息分红、企业绩增所导致的股价上涨、竞技所得、有钱人的资助以及初出茅庐者的学费。

第二章　必备常识

入市前，需要做些必要的准备工作，了解一下常识性的炒股知识，磨刀不误砍柴工，否则会感到不知所措，无从下手。市面上相关方面的书籍数不胜数，各种概念铺天盖地，什么图啊、线呀的，我也搞不懂，这里只捡傻瓜炒股涉及到的主要知识作以简述，以资强调。

一、股票：股票是股份有限公司发行的所有权凭证，每股股票都代表股东对企业拥有一个基本单位的所有权，股东可凭所持有的股票获取股息和红利，享有相应的权利，股票可以转让、买卖、抵押，但不能撤资。中国上市公司的股票有 A 股、B 股、H 股、N 股和 S 股等的区分，这一区分主要依据股票的上市地点和所面对的投资者而定。有绩优股、垃圾股、红筹股、蓝筹股、普通股、优先股、国有股、法人股、社会公众股、流通股、非流通股、转增股、送股和配股等概念。

二、日线图：日线图是表示股票一天之内涨跌的图示，开市期间线条头部动态变化，横坐标代表时间，4小时开市时间分8个时段，上下午各2小时，半小时一个时区，竖坐标代表价格和升降百分比，图中央一条横向粗线是上一交易日的收盘价位，白色不规则线是股票实时价位，黄色圆滑曲线是日均线。

三、K线图：K线图是一种股票市场的股票价格走势技术分析图，记录每日市况表现。以开盘价为基线，股价上涨，则向上画红色柱体，如果股价又回落，则用红色线条替换红色柱体，称为上影线；股价下跌，则向下画绿色柱体，如果股价又回升，则用绿色线条替换绿色主体，称为下影线。红色表示收盘价高于开盘价，绿色表示收盘价低于开盘价；上影线表示股价曾经一度冲高到影线所包含的价格区间，继而回落至收盘价；下影线表示股价一度下跌至影线所涵盖的价格区间，但最终反弹至收盘价。

四、股票指数：即股票价格指数，是描述股票市场总体价格水平变化的指标，是具有代表性的一组股票的加权平均值，通过一定的计算得到，各种指数具体的股票选取和计算方法不尽相同。

五、抄底：即捞的意思，指在股票交易中，以较低的价位买进股票，有波底和锅底之分，前者为小底，后者为大底。

六、逃顶：指分时图逃顶做股票，以较高的价位卖掉股票，有波顶和山顶之分，前者为小顶，后者为大顶。

七、利多：利多是指刺激股价上涨，对多头有利的因素和消息。

八、利空：利空是指促使股价下跌，对空头有利的因素和消息。

九、多头：多头是指对股票的后市看好，大举买进股票的投资者。

十、空头：空头是指认为股价已经涨到了最高点，很快便会下跌，或者股票已经开始下跌，认为还会继续下跌，趁高卖出股票获利或蚀本割肉的投资者。

十一、满仓：满仓是指所有用来炒股的钱，都买成了股票。

十二、半仓: 半仓是指所有用来炒股的钱，一半买了股票，一半还留着。

十三、空仓: 空仓是指所有用来炒股的钱，都没有买股票，或者把所有股票都卖了。

十四、加仓： 加仓是指因持续看好某只股票而追加买入的行为。

十五、减仓： 减仓是指因看空而卖掉一部分的股票的行为。

十六、清仓： 清仓就是把你所拥有的股票全部卖掉。

十七、补仓： 补仓就是再买进一些已经买进的股票，这是降低成本的一种有效手段。

十八、短线炒股： 短线炒股就是一次买卖过程的时间比较短，炒作股票的一个上升时段，一般不超过一周的时间。

十九、中线炒股： 中线炒股就是炒作股票的一个上升波段，波底进，波顶出，一般要一至三个月的时间。

二十、长线炒股： 长线炒股就是炒股票的一个上升预期，以企业的成长性为题材，并不理会期间的技术涨跌，一般要六个月到一年的时间。

二十一、一手：股票一手是证券市场上的最低交易限额，每个市场的规定不一样，上海和深圳证券交易所规定一手等于一百股。

二十二、止损点：止损点指为把因投资失误造成的损失限定在较小的范围内所设的斩仓点。

二十三、保利点：保利点指为保住已经获得的盈利而设置的抛售点。

二十四、目标盈利：目标盈利指为炒股所设定的利润率，有日盈利、周盈利、月盈利、年盈利之分。

二十五、股票代码：股票代码就是代表股票的数字代码，代表不同股票，一票一码，一一对应。深市A股票以000打头，深市创业板股票以300开头，深市中小板股票以002打头，沪市A股票以600或601开头。股票代码除了区分各种股票，也有其潜在的意义，比如600***是大盘股，6006**是最早上市的股票。一个公司的股票代码跟车牌号差不多，能够显示出这个公司的实力以及知名度，比如000001深发展，000888峨眉山。

二十六、股票交易时间：交易时间是星期一至星期五上午9:30—11:30，下午1:00—3:00，周六、周日和上证所公告的休市日不交易。

二十七、竞价成交: 竞价原则是价格优先、时间优先，价格较高的买进委托优先于价格较低的买进委托，价格较低的卖出委托优先于较高的卖出委托；同价位委托，则按时间顺序优先。上午9：15--9：25进行集合竞价，集中一次处理全部有效委托。

二十八、开盘价： 是指当日开盘后该股票的第一笔交易的成交价格，如果开市后30分钟内无成交价，则以前日的收盘价作为开盘价。

二十九、收盘价： 指每天成交中最后一笔股票的成交价格，也就是收盘价格。

三十、最高价： 是指当日所成交的价格中的最高价位，有时最高价只有一笔，有时也不止一笔。

三十一、最低价： 是指当日所成交的价格中的最低价位，有时最低价只有一笔，有时也不止一笔。

三十二、涨跌幅限制： 是指在一个交易日内，除首日上市的股票外，股票的交易价格相对上一交易日收市价格的涨跌幅度不得超过10%，ST股票为5%，超过涨跌限价的委托为无效委托。

三十三、T+0交易：股票T+0交易中的T，是指股票成交的当天日期，凡在股票成交当天办理好股票和价款清算交割手续的交易制度，就称为T+0交易。通俗地说，就是当天买入的股票在当天就可以卖出。

三十四、T+1交收制度：当日买进的股票，要到下一个交易日才能卖出，同时对资金仍然实行"T+0"，即当日回笼的资金马上可以使用。

三十五、委托撤单：在委托未成交之前，投资者可以撤销委托。

三十六、ST股票：沪深交易所对财务状况或其它状况出现异常的上市公司的股票交易进行特别处理，并在简称前冠以ST，称为ST股票。

三十七：股票交易手续费：股票交易手续费就是指投资者在买卖股票时应支付的各种税收和费用的总和，通常包括印花税、佣金、过户费、委托费、其他费用等几个方面的内容。印花税 0.1%，只有卖出时收取；交易佣金一般 0.1% – 0.3%，网上交佣金易低，营业部交易佣金高，可以讲价，每笔交易最低佣金 5 元；过户费是指股票成交后，更换户名所需支付的费用，沪市每千股股票要收 1 元钱的过户手续费，不足千股按千股计算；委托费，这笔费用主要用于支付通讯等方面的开支，一般按笔计算，交易上海股票、基金时，上海本地券商按每笔 1 元收费，异地券商按每笔 5 元收费；交易深圳股票、基金时，券商按 1 元收费。

三十八、交易数量：委托买入数量必须为 100 股或其整数倍，当委托数量不能全部成交或分红送股时可能出现零股（不足 1 手的为零股），只能委托卖出零股，不能委托买入零股。

三十九、日均线：几日均线就是该日内股票收盘价平均值的走势线，k 线图中的均线是一个系统，有 5、10、20、30、60、120、250 日等各种均线，分短中长期，大致是均线向上对股价有支撑作用，均线向下对股价有压制作用，分时图中的均线就是那根黄线。K线图中一般白线、黄线、紫线、绿线依次分别表示：5、10、20、60日移动平均线，但这并不是固定的，会根据设置的不同而不同，你可以在系统里把它们设为5、15、30、60均线。看K线图的上方有黄色PMA5=几的字样，就是五日均线等于几的意思，其他的有如紫色的10日均线PMA10=几，设定时双击数字，数字是几就是几日均线，颜色和线的颜色一样。

四十、上证领先指标：白线是上证指数走势图，黄线是不含加权的上证领先指数走势图。因上证指数是以各上市公司的总股本为加权计算出来的，故盘子大的股票较能左右上证指数的走势，如中国石油、工商银行等。而黄线表示的是不含加权的上证指数，各股票的权数都相等，所以价格变动较大的股票对黄线的影响要大一些。这样，当上证指数上涨时，如白线在黄线的上方，它说明大盘股的影响较大，盘子大的股票涨幅比盘子小的股票要大；反之，如黄线在白线的上方，就是小盘股的涨幅比大盘股要大。而当上证指数下跌时，如黄线在白线的下方，它表示大盘股的下跌幅度较小而小盘股的股票跌幅较大；反之，如白线在黄线的下方，它表示大盘股的跌幅比较大。

四十一、一字型：即开盘价、收盘价、最高价、最低价在同一价位。可分为以下几种情况：（1）涨停，股市开盘即以涨停价开出，至收盘为止，涨停始终未被打开过，全天均以最高价成交，表明买盘旺盛，该股票属于强势股；（2）跌停，股市开盘即以跌停价开出，至收盘为止，跌停始终未被打开过，全天均以最低价成交，表明卖盘沉重，该股票属于弱势股；（3）交易非常冷清，全日交易只有一档价位成交。

四十二、股票融资：指资金不通过金融中介机构，借助股票这一载体直接从资金盈余部门流向资金短缺部门，资金供给者作为所有者（股东）享有对企业控制权的融资方式。

四十三、典当融资：指中小企业在短期资金需求中利用典当行救急的特点，以质押或抵押的方式，从典当行获得资金的一种快速、便捷的融资方式。是为满足广大投资者增加融资渠道、扩大融资规模的需要，实现牛市融资补仓、熊市尽快解套的目标而推出的股票典当业务。公司对典当股票市值将设定警戒线和平仓线，市值低于警戒线将通知客户现金补仓，达到或低于平仓线将对股票进行平仓，同时股票典当借款合同终止。

四十四、股票除权除息：由于公司股本增加，每股股票所代表的企业实际价值（每股净资产）有所减少，需要在发生该事实之后从股票市场价格中剔除这部分因素而形成的剔除行为。上市公司以股票股利分配给股东，也就是公司的盈余转为增资时，或进行配股时，就要对股价进行除权，上市公司将盈余以现金分配给股东，股价就要除息。

四十五、填权：在除权除息后的一段时间里，如果多数人对该股看好，该只股票交易市价高于除权（除息）基准价，这种行情称为填权。例如除权后股票价格是除权价，比方一只股票是十元，后来要十送十股，送股后的除权价成了五元，再从五元上涨就是填权，再上涨到十元就是填满了权。

四十六、黑马股：黑马指在赛马场上本来不被看好的马匹，却能在比赛中让绝大多数人跌破眼镜，成为出乎意料的获胜者。黑马股是指价格可能脱离过去的价位而在短期内大幅上涨的股票，黑马股是可遇而不可求得，如果被大家都看好的股票就很难成为黑马了，投资者不用刻意的搜寻黑马，只要是好股票，就可以赚得到钱。

四十七、白马股：一般是指有关信息已经公开的股票，由于业绩较为明朗，很少存在埋地雷的风险，内幕交易以及暗箱操作的可能性大大降低，同时又兼有业绩优良、高成长、低风险的特点，因而具备较高的投资价值，往往为投资者所看好。白马股具有长期绩优、回报率高、炒的人多等特点，就目前看来，市场上较为通行的衡量白马股的指标主要采用以下几种，如每股收益、每股净资产值、净资产收益率、净利润增长率、主营业务收入增长率和市盈率等。

四十八、换手率：换手率也称周转率，指在一定时间内市场中股票转手买卖的频率，是反映股票流通性强弱的指标之一。

四十九、市盈率：也称本益比，由股价除以年度每股盈余得出（以公司市值除以年度股东应占溢利亦可得出相同结果），是最常用的评估股价水平是否合理的指标之一，一般认为该比率保持在 20 — 30 之间是正常的，过小说明股价低，风险小，值得购买；过大则说明股价高，风险大，购买时应谨慎。成长性高的公司股票市盈率往往较大。

五十、牛市：牛市也称多头市场，指股票市场上买入者多于卖出者，股市行情看涨，延续时间较长的大升市。

五十一、熊市：亦称空头市场，指股市上卖出者多于买入者，股市行情长期看跌的市场。即总体运行趋势向下，其间虽有反弹，但一波却比一波低。熊市中也不乏机会，就看你如何把握。

五十二、停牌：停牌是指某一种上市证券临时停止交易的行为。对上市公司的股票进行停牌，是证券交易所为了维护广大投资者的利益和市场信息披露的公平、公正以及对上市公司行为进行监管约束而采取的必要措施。停牌原因 1、上市公司有重要信息公布时，如公布年报、中期业绩报告，召开股东会，增资扩股，公布分配方案，重大收购兼并，投资以及股权变动等；2、证券监管机关认为上市公司须就有关对公司有重大影响的问题进行澄清和公告时；3、上市公司涉嫌违规需要进行调查时，至于停牌时间长短要视情况来确定。4、2006年版《上海证券交易所交易规则》规定“股票、封闭式基金交易出现异常波动的，本所可以决定停牌，直至相关当事人作出公告当日的上午10:30予以复牌。根据市场发展需要，本所可以调整停牌证券的复牌时间。”

五十三、复牌：股票复牌就是开盘恢复交易。

五十四、借壳上市：借壳上市就是欲上市优质公司通过收购、资产置换等方式取得已上市的诸如ST等市值较低的劣质公司的控股权，由此得以以上市公司身份增发股票进行融资，从而实现上市的目的，通常情况下原壳公司会被改名。

五十五、权证：是指基础证券发行人或其以外的第三人发行的，约定持有人在规定期间内或特定到期日，有权按约定价格向发行人购买或出售标的证券，或以现金结算方式收取结算差价的有价证券。

五十六、期货交易：所谓期货，一般是指期货合约，由期货交易所统一制定的、在将来某一特定时间和地点交割一定数量标的物的标准化合约。这个标的物，又叫基础资产，对期货合约所对应的现货，可以是某种商品，如铜或原油，也可以是某个金融工具，如外汇、债券，还可以是某个金融指标，如三个月同业拆借利率或股票指数。

第三章　勇踏征程

下定决心之后，你就应该满怀信心地奔赴股市，大显身手，一展宏图。首先你要就近选择一家证券营业部，这样操作起来比较方便，但一定要正牌的，大小无所谓，关键是服务，反正现在都是在家操作，手续费固然越低越好。当然，如果你想图热闹，并借机想听听小道消息的话，去证券营业部炒也行，那你就要看看证券营业部的装备和环境如何了，称心就好。

一、开户

由立户人本人携带本人身份证，百元左右的开户费，到你选中的证券营业部柜台开立账户，签订协议，办理股东卡，记住你的资金账号和密码，以便日后操作。证券营业部目前不受理委托他人代办开户业务，网上也不能办理开户，必须本人在柜台上办理，很不方便，尤其是行动不便者，应当改革，充分地享用远程视频等现代科技成果，当前不是都在讲人性化服务吗，要落到实处，给股民以真正的便利。

二、办理银行卡

在证券营业部指定的银行开户，签订第三方委托协议、权证交易协议，办个银行卡，如果自己已有这个银行的借记卡也行，就不用再办银行卡了，直接办理第三方托管就行。你炒股用的钱都要通过这张银行卡进出股市，这张卡是主卡，不便更换，千万别有什么问题，否则会很麻烦。还可以在不同的银行办理副卡，在证券营业部柜台办完副卡手续后，银行手续在相应的银行网站上就能办理。资金转账，证券交易系统和网上银行都能办理，很是方便。

三、下载交易软件

按照证券营业部所属的证券公司，下载股票交易软件和行情软件，安装到你炒股用的电脑中。例如，你是中信证券的客户，就到中信证券的网站下载股票软件。如果你愿意使用辅助软件进行炒股，也选择一款安上备用。

四、交易操作

进入交易软件，开始交易。点击股票交易，对话框跳出，按要求填写所属营业部，输入股东账号或资金账号和密码及验证码，就可以进入交易程序了。输入股票代码、买卖价位和股数，按确定，一切就 OK 了。记住，这只是下买卖委托单，还要看成交与否，你给的价位必须有人接受才能成交，一般在股市成交价位上的买卖很快就能成交。网上有各种各样的模拟炒股软件，同花顺就可以，不妨下载一款安在电脑上练练兵。

五、炒股手段

起初，炒股只能在证券交易所进行或电话委托，现在是猫在家里就能操作，手机更是使炒股做到了随时随地。可以说，炒股是真正的自由职业，可以独立工作，不需要与人合作,自己给自己当老板,有绝对的自主权,绝对不需要求爷爷告奶奶,那些怀揣梦想的自由音乐人、自由撰稿人等完全可以以炒股作为谋生手段,那些不喜欢与人打交道的人也可以考虑。当然,拥有一定的炒股资本是入行的唯一门槛。

第四章　傻瓜炒股

准备工作就绪之后，就可以筹措一笔炒股资金杀奔股票交易市场，初出茅庐者一万元即可，成手后以十万左右为宜，当然是多多益善。把钱存到与股市关联的那张银行卡上，进入股票交易系统或网银系统，把钱转到你的资金账户上，拉开股票炒作大幕。

记住，股市是受法律庇护的公共圈钱场所，其性质与跑马、赌球相仿，有标的实力做背景，可以人为操控；乐透彩属概率事件，完全是随机的，中彩与否全靠运气，当然可以造假，诸如可以预测走势等说法都是妖言惑众，蛊惑人心，居心叵测，一派胡言；棋牌乐是有技术含量的，讲究技巧，是运气之下的技巧。棋牌宜于消遣娱乐，跑马、赌球益于兴致，炒股可以谋生，而乐透彩就是指望天上掉馅饼，撞大运，适合于做白日发财梦。

赌博赌的是结果，炒股炒的是过程。前者一锤定音，不容反悔；后者千锤百炼，随进随出。

股市上的拼杀是异常惨烈的，盈者，热血沸腾，趾高气昂，踌躇满志；亏者，黯然神伤，垂头丧气，追悔莫及。在股市上尽可以坑蒙拐骗，巧取豪夺，穷兵黩武。兵不厌诈，就看你的道号了。不讲同情心，毫无道德之可言，绝不会心慈手软。真是欲哭无泪，诉求无门，叫天天不应，叫地地不语，简直就是冷血杀场，杀人不见血，残酷无情，残忍无比。所以，你要时刻保持清醒的头脑，出手一定要稳、准、狠，绝招取胜。

炒股者都会有自己的方法，炒股方法因人而异。之所以是傻瓜炒股法，其个中缘由在于大众理应从非专业的视角看待股市，只需知其然，不需知其所以然。这一点，与傻瓜相机具有异曲同工之效。股市博大精深，陷得越深就越糊涂，不管你是不是，反正我是，还是清醒地站在岸边垂钓或者撒网为好。因为大众只能算是业余炒家，不能和专业人士相提并论。我们不具备相关专业知识，也没那个精力钻研，管他黑猫白猫，抓住老鼠就是好猫。我们并非姜太公式钓鱼愿者上钩，而是有选择地钓，有方法地钓，有策略地钓。不识庐山真面目，只缘身在此山中，难得不糊涂。

第一节　股性分析

必须清楚地认识到，股市有两种：投机投资市和投资投机市，前者的主要目的在于投资，后者是用来投机的，我国当前的股市属于第二种。股票分有庄股和无庄股，前者之领头羊会带你上刀山，下火海，要当心被带进沟里；后者就如同无头的苍蝇，乱蹦乱跳，小心被撞得头破血流。

当前股市上大多是有庄股，无庄股也会有庄家短暂进驻，股市上的任何风吹草动，都是庄家在兴风作浪，煽风点火，非搞它个天翻地覆慨尔康而后快，以便浑水摸鱼，趁火打劫，渔翁得利。

股票走势呈三种形态，如图 1 所示，股价节节攀升者为拉升股（4–1–a），股价节节下挫者为下滑股（4–1–b），股价仅在一定范围内上下波动者为徘徊股（4–1–c）。

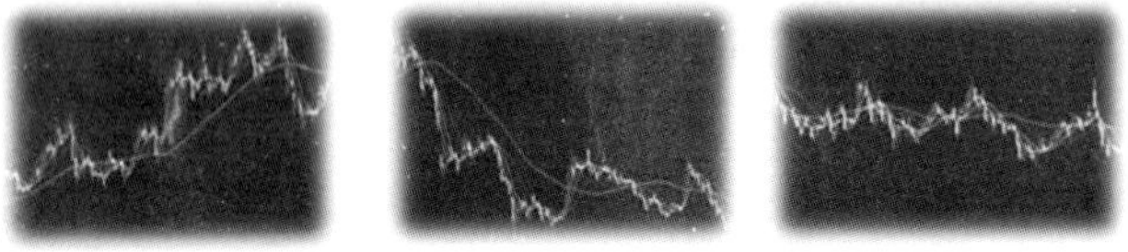

a　　b　　c

图 4–1　股票走势形态图

将 K 图的中心点连接起来作为观察线，该线为一条锯齿线，经过一段时间的运行，宏观上就会表现出波的形态，也可称为具有波浪性运行特征，如图 4–2 所示，该走势可拟合为类似余玄的曲线（牛市和熊市）。

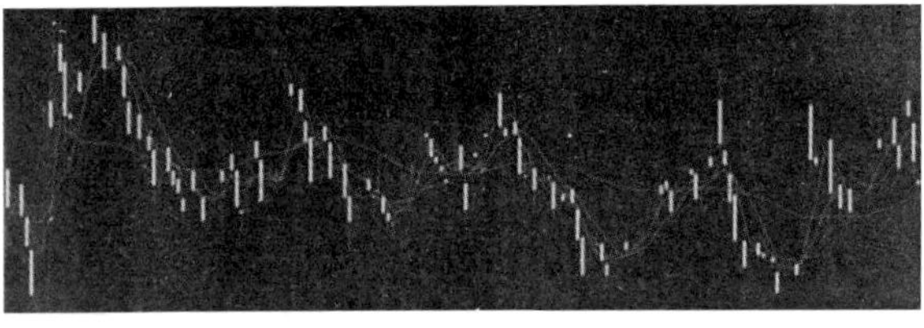

图 4–2　股票走势波浪图

如图 4–3 所示，横向代表时间的延伸，左前右后；竖向展现股价的高低，下低上高，这里用的不是收盘价而是计算平均价。波顶为波段最高价，前波底为波段最低价，波顶最高价和前波底最低价的平均值为该波段的平均价，游荡于波段上下中心位置附近，构成波段中心轴线，该线应该是条曲线。从一个波底到下一个波底之间称作一个波段，其所耗费的时间称为波段周期，即相邻两个波段具有类似特征的点相隔的时间。一个波段由两个波幅构成，以波顶为界，波顶前波幅主升，称主升幅；波顶后波幅主降，称主降幅。波顶与前波底之间的价差为波段最大升幅，称波段升幅，波顶与后波底之间的价差称为最大降幅，称波段降幅。傻瓜炒股炒的是主升的顶前波幅，就是要在波底附近低价买进，波顶附近高价卖出，从中赚取差价。

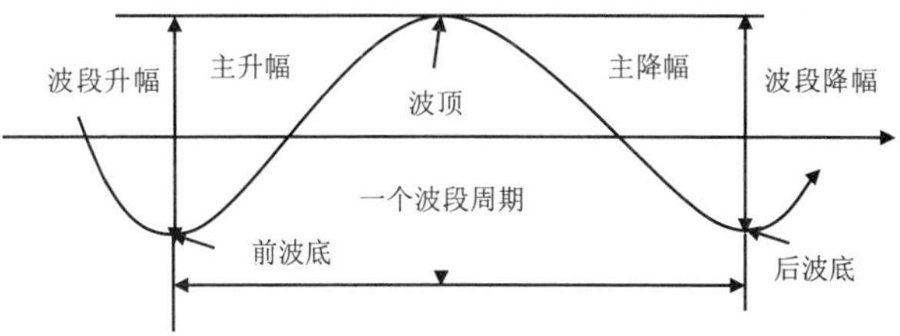

图 4-3　股票走势波段拟合曲线图

值得指出的是，无论是周期还最大升幅或者最大降幅，其数值都不是固定不变的，而是发散的，会有一个离散量。根据个股的前期的走势，可以大致估算出当前波段的最大升幅或最大降幅及各自的可能耗时。

在一般情况下，波段升幅和波段降幅是不同的，拉升股波段升幅大于波段降幅，下滑股波段降幅大于波段升幅，徘徊股二者大致相等。

第二节　选择股票

选股是炒股的第一步棋，股海茫茫，要从数千只股票当中，选出自己中意的股票，并不是一件容易的事情，而选中的股票又能保证只赚不赔，似乎更是天方夜谭。其实，答案是肯定的，那就是我们只选择正处于攀升阶段的拉升股。

宏观上，选择经过历史低迷期后起死回生、向上攀升的拉升股；微观上，选择周期短、振幅大的高效股。

至于价位，则不必介意。股好不计价位，

能涨就行。从总量上看，高价低价都是一样的，假如你有 10 万元股资，买 10 元的股可以买 10000 股，买 100 元的股就只能买 1000 股，亏盈率相同。

教给你选股的方法：打开 K 线图，选择一只股票，点击键盘上的方向键中的向下键，直至看到股票上市日而不再前行为止，翻页选择头部在锅底右上侧的处于拉升阶段股票，如图 4–4 所示，并且该股的各项指标尚好（小盘、盈利、有公积金、正净值）。这种股票，即使炒技不佳，只要跟住，也不至于蚀本，即使放在那里睡上半年，如果没什么意外，也能保证只赚不赔。

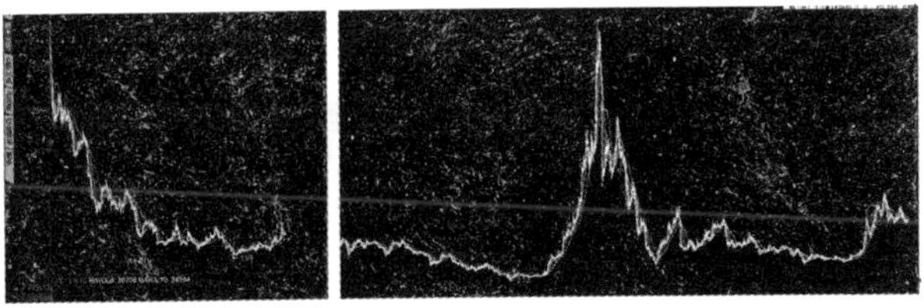

图 4–4 选股例图

这样的股票多的是，有道是好股满市跑，看你找不找。要选择那些从高位跌至底部后又开始回升的股，不选择初次上升的股，这样你就知道了这支股票的历史最高点和最低点，做到心中有数。剩下来的事情就看你的感觉了，你可以选择热门一点的股票，也可以选择名字好听一点的股票，完全随你的喜好而定。选股不用太多，十只左右就成，然后再从中挑选出三四只股票来炒，至少两只。记住，不要把所有的鸡蛋都放在一个篮子里，老虎也有打盹的时候，意外事件随时都会发生，这样做，即使有股跌下来，也好有股扛着。

任何走势图都只是股票历史足迹的展现，是股票兴衰史的缩影，我们更关心的是头部所处的位置。

要建立自己的股票池，只炒你熟悉的股票。要对各个板块的龙头股有所了解，并纳入自己的股票池中，经常观察。在一波行情中，总会有领涨板块，而领涨板块中的龙头股，往往是涨幅最大的个股。记住，只有职业炒股人才可以炒短线，也可以试着炒下滑股和徘徊股，这是后话，将在《智者炒股策略》中详述。

第三节　买进股票

买股是炒股的第二步棋，选了好股，如果买进的价位不当，会影响盈利，当然是成本价越低越好。一般是在降波段尾部止跌企稳时的波底处为最低，其实我们大可不必追求最低，止跌企稳回升后更把握一些。我们炒的是差价，是有耗时的，底部盘整是很浪费时间的。

打开 K 线图，查看股票历史各波段的降幅和持续时间，两三个波段就好，计算出离散量和漂移趋势，然后据此估计出波底的大概位置，不必太精确，当回升迹象明朗时出手扫货，要小心跌入诱买陷阱。

可以借助炒股软件帮你买股，当软件出现 B 点后不要急于去买，稳定后再决定是否下手。它的滞后让你省却了整理的烦恼，但是相差的太多就不能用了，如图 4–5 所示，a 图的 B 点位尚可，b 图是软件表现糟糕的典型代表，二者之间的拟合性很差，千万当心。

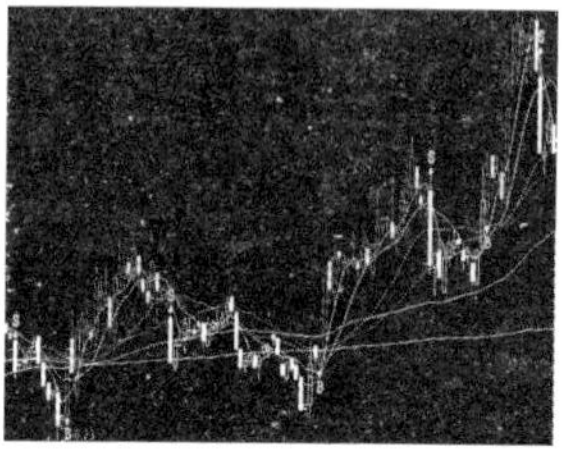
a

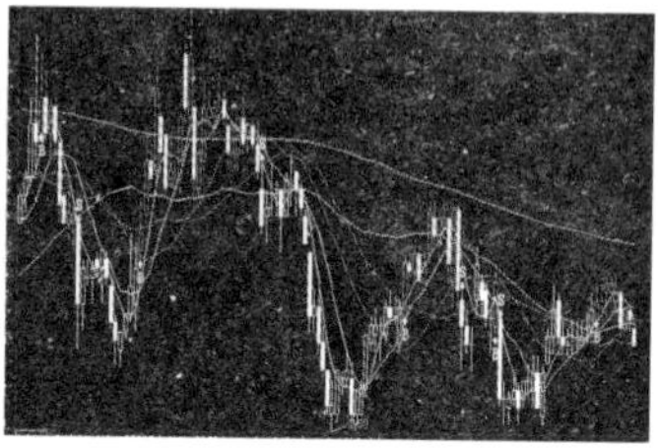
b

图 4-5 买卖点示意图

买股宜采用五档即成交易方式交易，不可计较微利的多寡，这样做可能剩余的现金仍然够买百股的倍数，如果钱紧，就人工输入买进价，为尽快成交起见，报卖出现价，可即刻成交。

考虑到股票交易成本，股票每笔交易金额不宜低于 10000 元人民币，每笔交易股数应不少于 1000 股，高价股视具体股价而定。

如果发现买入的股票背道而驰，或盘整绵绵，则应果断换股，毫不犹豫。对于表现欠佳的股，应该及时切换到高效股上，注意交易成本。

关于仓位，众说不一，我一向都是满仓操作。半仓买入是对自己的选择没有信心，上升加仓是因为该股表现良好且仍会延续一段好时光，这样做不如同时多股满仓，然后再根据表现向好股上归拢，要学会切换。

第四节　卖出股票

卖股是炒股的第三步棋，很重要，有道是买得好不如卖得好，卖出股票有以下几种原因：一是见顶下跌，二是止损抛售，三是获利走人，四是为确保胜利果实，五是事出有因。

为避免出现过于惨重的损失，炒股应当设置止损点。建议当股价下跌值达到买入价的 3% 时，全部清仓。止损是基于判断失误或发生意外事件，如大盘暴跌，个股利空。

炒股应设定盈利目标，对于十万元左右的股资而言，日盈利可定为 0.3%，周盈利 1.5%，月盈利 5%，年盈利 50%。每周计算天数为 5 天，每月计算周数为 4 周，每年计算天数为 200 天即 40 周。短线的盈利空间宜定为 3%–10%，中线的盈利空间宜定为 10%–30%，长线不属于投机炒股，是投资行为。

周利日现，月利周成，日积月累，年利自然而然。

炒股应设保利点，以便确保胜利果实。当股价上升达到相应获利区间的上限时，或股价在获利空间内冲高回落值达到3%或重新跌回至获利空间的下限时应该坚决卖出，此时不可过夜，以免夜长梦多，要严防下一个交易日变盘。不得执迷不悟，流连忘返，因小失大，功亏一篑。

打开K线图，查看股票历史各波段的升幅和持续时长，两三个波段就好，计算出离散量和漂移趋势，然后据此估计出波顶的大概位置，不必太精确，定出目标价位，考虑一个安全量，当股价达到此价位时立即出货，道声拜拜，其后该股的涨跌与你无关，前途更美好。不要见顶才卖，这很危险，难于把握。落袋为安，时刻以止损和保利为操作原则。与其冒险登顶，不如选个股票重新攀登，反正我们赚取的是价格差，早换晚换早晚得换，有时间就好。

可以采用更保守、更简便的打法，即从买进股票之日起算，一周内股价上涨5%，一周至一个月内上涨10%，一个月至两个月内上涨20%，二个月至三个月内上涨30%，则坚决卖出，如果未达价位却已登顶当然抛售，这只能说明选股很不理想。

还有一个更绝的操作方法，就是只设定一个目标价位，达到就跑。这个目标价位值因人而异，不可强求统一，可以考虑8%。有道是，茄子辣椒，各有所好。这样，你就可以选择上升波段中的某一段来做，大可省去许多抄底逃顶带来的麻烦。当然，警惕是必须的。省下的时间可以另起炉灶，从打鼓，另开张，最好找上升波段中刚跌过的股。

卖股宜求神速，宜采用五档即成交易方式交易，系统中有默认交易法，我用的交易软件默认对方最优，千万要注意。

可以借助炒股软件帮你卖股，出现S点就赶快抛掉，随说晚了点，倒也还是值得庆幸的——终于逃脱了，这可最后一道安全门了。记住，软件主要是用来逃顶的。

别忘了，我们只炒作每个波段中的主升幅，主降幅期间股资多处于休眠状态，对于大多数人来说，一年的时间只有一半是在赚钱，一定要珍惜。

第五节　铭记要领

我们有必要总结一下傻瓜炒股的着重点，以便缕清头绪，看清方向。只有这样，才能不至于乱了方寸，才能稳扎稳打。为此，一定要牢记核心精髓选、买、卖炒股三要素。

傻瓜炒股六要点：

1、选择梅开二度拉升股；

2、买进于止跌企稳回升明朗后；

3、在登顶前卖出；

4、软件助手是你最后的一根救命稻草；

5、只炒拉升股的主升幅；

6、专拣振幅大、周期短的股票操作。

只选择底部拉升股，遵守低买高卖原则，保你炒股只赚不赔。

底部拉升股在上升波段中途若遭遇大盘大幅下挫，没跑也没关系，会回来的，只是可惜了白花花的银两。

书中给出的股票买卖方法只是通常情况下的作为，你不可以在大盘大跌时买进，也不可以眼看着股票直奔涨停板而把它卖了。

至于涨停板，很复杂，类似彩票中奖。如果是偶然事件，坚决当日卖掉，天知道明天会怎么样；如果有什么题材，就赌上一把，听天由命，也许天上掉下个大馅饼，给砸中了。

中国股市如同野马和驯养马混合在一起的跑马场，且以驯养马居多。驯养马虽有庄家牵着，也会有不听话的时候，牲畜就是牲畜，野性还是有的。记住，无论是野马还是驯养马，总会有脱缰的时候。

我们可以用四句三字诀来概括表达傻瓜炒股的核心要领：选拉升，买回升，卖末升，求新升。

只要思想不放松，办法总比问题多。要善于用立体的思维方式，多多借鉴其它各领域先进的科研成果，对症的妙招一定要为我所用，不断自我完善。

第六节 平仓操作法

既觉得已经的获利再跌没了可惜，又有点舍不得股票的上升行情，人股情未了，这是大多数炒家的真实心态，因为碰到一只好股不是一件容易的事情，得而复失的情况也是时有发生的。

抄底逃顶，做足上升波段行情应该是大多数炒家的心愿：刺激而畅想无限，尽可以浮想联翩，炒股玩的就是这种感觉，不容忽视。人在疯狂的时候也要面对现实，因为钱并不是大风刮来的，股市博弈悲壮惨烈，股市风云瞬息万变。

平仓操作法巧妙地解决了鱼和熊掌这一古老而经典的问题，这一方法的诞生，使炒家得以玩股只赚不赔，当然，玩砸了是操盘手的问题，反正利润有账可查，只要不辜负投资就好，随他去。

所谓平仓操作法，是炒股的一种操盘手法，就是在炒股操作过程中，以 5% 作为账面获利平仓点，每当盈利达到该值时（N 次），就将成本调至当前价，以使盈利归零，把浮动盈利转为成本，相当于阶段性获利了结，变浮盈为实盈，股票再跌就属于亏损，如果亏损达到 –3% 的止损点时，就全部清仓，待股票止跌企稳反弹时，再按原股数买回，可能会略有盈余，以此类推，直至行情结束，你就可以大功告成，全身而退。这样算下来，你就会有若干个 5% 和 2% 的利润以及一些蝇头小利。

平仓法基于收支两条线的财务制度，该制度不允许坐收坐支，盈利了要上交，亏损了属经营损失，也可以理解为，盈利是必然事件，亏损纯属操作失误，各负其责。赌博也可以采取这个办法，在输光了本钱之后，也许还有盈利。

平仓点和止损点越低，操作越频繁，越辛苦，成本也越高，要根据个人的具体情况而定，账面平仓后，下跌会造成股票的虚假亏损，之所以如此，是因为对股票的未来走势有所期望，是没有真正抛售全部股份的唯一理由。

对自己的判断没有信心并慑于股市的风云突变，既担忧灾难的降临，又惧怕失掉绝大的蛋糕，这是每个炒家的纠结所在，在弱肉强食面前，弱势群体也只能采取步步为营的策略，没办法，谁让我们弱呢，所以此方法也可以叫做步步为营法。

平仓操作法的好处是直观，使炒家一眼就看清了自己的目标，知道孰轻孰重，不至于冒太大的风险，真正做到该出手时就出手，它使操盘手的行为得以约束，对集资雇用操盘手炒股有帮助，属于稳健保守型操盘手法，稳健求大，是真正的只赚不赔炒股法。

漏水坝理论：股价涨跌，如同海水潮起潮落，可以建坝截水，水坝会漏水，退潮后坝内会流失 3 米的水，水坝可以随水位的攀升而加高，5 米一段，水位每升高 5 米便可追加一段，因为水位低于坝高水流不进水坝里面，这样 10 米的坝就会把 5 米的水挡在外面而在水位下降时白白流走，因为潮水上面有会波涛，一个浪涛打过来会涌进一个较低的水位，所以不可以一次性筑的很高，如果在水坝筑到 N 段时开始退潮，便会有 N*5–3 米的水留在水坝里。平仓炒股法就是这个道理，方法中所允许的波动幅度还是蛮大的，上限极值可达 8%，足够折腾几个来会儿了。在实际操作中，第二档及以后的平仓步幅可以小一些，见利就平，如可以是 2% 或 3%，也可以是 1%，看你的资金量，感觉折腾一回值就成，这样就可以将超过你设定值的回落反弹收入囊中，不过，步幅的不同会带来操作上的麻烦。要记住，你这么做的目的不是为了炒回落反弹，而是为了安营扎寨，设后防，炒短波只是顺手牵羊之事，不要在意盈亏，防范风险是要有成本的，只要最终盈利就好。

平仓操作法是给冲高回落止损，一种防狼术，适合于防过顶，如果不想挣小钱，初升阶段不必使用，预计要达顶时再用。

止损点和平仓点的设置：所谓止损点，是为判断失误设置的，以买入价为参照点，亏多少才能发现做错及所能承受的极限决定取值。方向正确的操作不是止损而是保利，是为保住胜利果实而设。在主升幅中，股价在上涨——回落——反弹——再回落——再反弹中不断攀升，如果反弹不及回落或持平就失去了调整的意义，股价在重新登上回落点之前一般不会见波顶。涨跌都是瞬间的事情，难知深浅，冲高多少就抛是很难决断的，因为总会对后市有所期待，而冲高回落到一定价位时又有些后悔，悔不及当时没卖，高不成则转而求其次，打算吃点儿残羹剩饭，若不然这点儿也没了，但是当时的冲高是多少，现在又降了多少，需要有个痕迹。平仓是买入价的调整并赋予了新的含义，意思是原来的股票我已经获利了结，这是我又买的股票并且看好后市，如果出现逆行当然需要止损。止损点小，损失小，但所允许的波动幅度也小，期间的反弹机会就会很少，漏大鱼的可能性就会很大；止损点大，损也失大，但所允许的波动幅度也大，期间的反弹机会就会很多，漏大鱼的可能性也会减小。平仓点加止损点就是被允许的波动幅度，二者之差就是利润，差越大，利润越大，而平仓点越高，拒之于坝墙之外的利润也就会越多，数学好的可以算一算，应该有帕累托最优。这种方法可用来炒炒短波，挣点小钱，或者仅作为一种获利了结的方法使用，每一次炒作都是独立的运作，可以继续炒原来的股票，也可以换股。

第七节′ 模式化的炒股方法

我们可以综合前述内容，整理出一个机

械化的炒股操作方法，依据步骤按部就班地炒作股票。该方法科学而客观，不靠主观臆断，杜绝想当然，没有侥幸心理作祟；缺点是教条死板，缺乏灵活性，扼杀人的炒股激情。

一、选股

打开 K 线图，选择一只股票，点击键盘上的方向键中的向下键，直至看到股票上市日而不再前行为止，翻页选择头部在锅底右上侧的处于拉升阶段的股票，并且该股的各项指标尚好（小盘、盈利、有公积金、正净值），优选 3 到 5 只股票。

这样的股票，即使炒技不佳，只要跟住，也不至于蚀本，即使不闻不问地放在那里睡上半年，如果没什么意外，一般也能够保证只赚不赔。这是玩长线必选的股类，股票买入后一定要随时予以关注，防止股票变性，有时间的话还可以抽空炒炒波段，增加收益。

二、买入

同时炒作以 2 至 3 只股票为宜，在股票主升幅的中下部买入，看 K 线图，可以参考股票软件中的买点，只要确认是本轮行情的底部，价位的有限差异并不是很重要，关键必须是见底后的回升股价。

三、炒作

采用平仓操作法，设置 –3% 的止损点，初始平仓点设为 5%，其后步幅设为 2%。当股价达到上涨 5% 的价位时，改动买入价至当前价。可以在系统上改，双击成本价栏，修改数字后点击修改成本，此时盈亏比例归零或其附近；也可以用 Exel 表格自己记载，用自动生成法计算出下跌 3% 和上涨 2%、5% 的价位值，每一次调整相当于获利了结原有股并买进新股，详细记录在案。其后每逢上涨 2% 就调整一次，直至出现下跌 3% 的股价时便可以获利了结，着手猎杀下一个目标。

操作时一定要坚决全部抛售，毫不犹豫，这样一个来回下来，至少也有 2% 的收益，如果运气好，则会有 N 多个 2% 在里面。

参数可以根据自己的喜好设定，如 –5% 的止损点，8% 的初始平仓点，3% 的后续步幅。取值越大，所允许的股价波动幅度就越大，机会就越多，但溜掉的机会也多，切不可小利没入眼，大蛋糕又没等到，弄得个竹篮子打水一场空，空悲切。

第五章　操盘助手

找一款操作简便而又价格低廉的操盘软件辅助炒股不失为上上策，起码不会是一件坏事情，目前圈内各种相关软件五花八门，层出不穷，鱼目混珠，良莠不齐。总体来看，窗口上的买卖点还是很有用的，尽管有些滞后，有的甚至不着边际，驴唇不对马嘴。老虎也有打盹的时候，马失前蹄的事也在所难免，在你错过吃进某股的最佳时机，或者该跑没跑，软件可以帮助你止损，而且软件不失为炒短线的好帮手。

下面介绍十款炒股软件，资料是从网上搬来，不是我总结的，也不知道对错，就当给他们做广告了。目前，用炒股软件进行诈骗活动的大有人在，股友们还是小心为妙。

一、大智慧：大智慧股票软件拥有最大数量的免费用户群，具备强大的群众基础，具有极高的人气。凭借其在免费市场的表现，发展了一定数量的付费人群。并且，凭着高价策略，在股票软件行业赚取了较高利润。大智慧超赢股票软件对 level2 数据分析处理的方式较多，为股民提供了大量的分析图表，但是准确率尚需完善。

二、同花顺：老牌付费股票软件，极其重视宣传推广，凭借多年的积累，具有一定数量的付费人群。同花顺股票软件功能较为全面，但是各功能模块如股票池、仓位指标、大单分析之间并没有形成策略关系，还算不上是策略性股票软件，也未达到第五代股票软件的标准。而且纵观同花顺股票软件各个版本，虽然都强调选股模式，但在实战中表现并不突出，各版本选股方法也未延续使用，所以可判断其选股方式尚不完善。

三、益盟操盘手：该软件基于 Level2 数据深度加工研发，拥有 4 大核心功能“乾坤图、股票池、仓位马力表、BS 买卖点”。其核心价值在于帮助股民“用牛熊两种视角，解决炒股 4 大难题 -- 选时、选股、操作、仓位”。益盟操盘手经 8 年实战考验，对交易数据的拆分处理很到位，对主力资金动向、买卖点、大盘走势、判断准确率很高。但是，由于益盟操盘手专精于付费股票软件研发，所以在股票软件免费市场知名度一般。

四、东方财富金融终端：东方财富网推出的理财终端股票软件，虽然诞生时间并不太长，但是凭借东方财富网的平台效应，形成了一定的影响力。东方财富金融终端股票软件提供大盘趋势、股票池、DK 点等功能，虽然功能也较全面，但与大智慧股票软件相比其分析处理的深度尚有差距。与益盟操盘手、同花顺股票软件相比，无论从功能模块的数量，还是处理准确度都相差较大。同时，其大盘趋势信号、主力罗盘功能在实战中的表现差强人意。凭借着东方财富网的平台优势，它还是属于一款比较有潜力、有发展前景的股票软件。

五、证券之星：股票软件依托证券之星网站平台，已形成了一定的影响力。软件用文字方式描述投资方法，所以较为简单直观，易于使用。但是股票软件功能非常单一，主要是依靠对主力资金的分析进行操作。与前

4位的股票软件做对比，股票软件从功能来说还是比较粗浅的，缺乏选时、仓位、操作等功能，其尚未形成系统性的决策分析能力。

六、钱龙机构版：20年的老牌股票软件，虽然已没有往日的辉煌，但它的实力却依然强大。股票软件功能有金手指、股票池、主力资金动向、超级趋势等，并且植入财经网讯、财经电视等信息服务内容。但是由于股票软件缺乏选时、仓位控制功能，对个人投资者的指导并不全面，宣传推广也较少，所以个人付费用户数量较少。

七、指南针：专做付费股票软件，历经13年时间用户10万人左右。与前几大股票软件相比，指南针股票软件没有选时功能，主要是通过主力资金流向和买卖点为依据进行操作，这种选股方式属于07年左右的水平，已经落伍。指南针股票软件新推出的股票池功能，实战表现差强人意，基本是废物功能。可以说，指南针与国内一流股票软件还存在一定差距，需要加大内功修炼。

八、大赢家机构版：股票软件功能很少，只有主力资金分析、10档交易行情，这些功能大部分付费股票软件都可以提供，无特色之处。而“大赢家”短板很多，比如选时、仓位功能，特别是重要买卖点操作都没有。大赢家股票软件极其注重宣传推广，所以用户量依旧是3星。但是股票决策分析类软件，功能强大才是王道。

九、快枪手：快枪手股票软件，顾名思义是一款做短线的产品，快进快出，短线获利。虽然网络宣传较多，但目前付费用户量一般，还不是主流的付费股票软件。产品功能主要集中在对主力资金的跟踪分析上，进而根据主力资金流向来判断何时买卖，产品功能单一无特色之处。选时、选股、仓位、操作等功能均缺乏，属于较低级的股票软件。

十、通达信机构交易版：凭借着免费股票软件的绿色通道功能，被一些屏蔽炒股功能的公司白领所使用。其付费版面向个人投资者的功能较单一，只有个股DDE决策、主力轨迹等功能，而且数据图表分析难度较高。股票软件后续综合服务较少，没有培训、学院等功能，缺少专家讲师的定期指导，官方网站也极其简单，综合起来看“通达信”股票软件并不适宜普通股民付费使用。

我下载过几款炒股软件，感觉好复杂，没耐心钻研，现在只用益盟操盘手决策版，操作还算简单，有B&S点就好，价格也不是很高，用来逃顶还是蛮不错的，尤其在你犯浑的时候。

小心，下载股票软件会惹来麻烦，一般都需要注册，要用到手机号码，这样电话会响个不停。

谨记，炒股软件只是你炒股的工具，充其量算个助手，决策权还在你的手中，永远不能放弃，毕竟由数学模型拟合出来的东西与实际不会完全吻合，但你可以在使用中摸索规律，找出炒股软件给出的建议与各类股票实际走势的偏差，然后据此加以修正，千万不要盲从。

天下没有免费的午餐，非付费只是个琢头，哪有那个好事，义务帮你炒股，人家是在放长线钓大鱼，放出个鱼饵换回条大鱼来，何况这样的软件也不会有什么独特功能。

记住，买点不一定要买，卖点一定要卖。

第六章　妖言惑众

信息的能量是巨大的，可谓无穷大。还真是人有多大胆，股有多高价。股市上的许多风吹草动，大多源于信息的不对称。股市上从来就是消息不断：有小也有大，有真也有假，有小道消息也有大道消息，有利多也有利空。由此铸就股市的波涛汹涌，波澜壮阔，翻江倒海，跌宕起伏，翻云覆雨。可以说，消息的推波助澜功不可没，即使是假消息，也会把中国的股市折腾得上蹿下跳。没办法，老百姓就好这一口，怪谁呢。

曾经有一则所谓“发改委有关人士称，房产税三年免谈”的假消息，让股市扫去一个月的阴霾，暴涨了 89 点，隔日，发改委澄清该消息，股市又毫无抵抗地下跌 50 点。

人们一直在争论中国股市是熊市还是牛市，或者是熊市转牛市。早有高人根据多年的经验总结出，“中国股市难说是牛市还是熊市，但一定是政策市。”而如今看来，“中国股市连政策市都不是，是假消息市，假消息可以堂而皇之地左右中国股市的涨跌。”这些都是网上的言论，可能观点有些偏激，不去管他。

话说又回来，股市是反映未来经济预期的市场，而各种各样的消息决定着人们的预期，也决定着股票市场的走向。在股票市场中，获取的消息比别人快，比别人准，就可以在博弈中占尽先机。

比如，最近房地产领域的各种消息就比较多，各类新闻机构，尤其是市场化媒体，为了博眼球，都在搜寻着有关房地产领域的消息，类似“上海新房产税开征在即”，“发改委称，三年内免谈房产税”之类的相互矛盾的消息此起彼伏，消息中有真有假，半真半假，据说很多都是有关人士私下透露的消息，并不是主管部门的新闻发布，但都以肯定句的形式出现在网络媒体上，因此，投资者就应该揣摩这些新闻，而不是轻易相信并据此投资，捕风捉影。

在网络高速发展、信息海量传播的时代，一方面，政府的新闻发布应及时并详尽，该告知的应该详尽告知，该保密的要严格保密；另一方面，投资者在分析这些信息时，也应该总结一些经验教训：首先，政府主管部门的新闻发布可信度最高，要详尽解读理解；其次，参与决策的部门或人士的私下言论，也多半可信；其三，研究机构的评述，决策部门研究机构的相关研究结论值得关注，至于其他部门的言论，或者一些个人意见，就只能做参考了；其四，网络博客以及不相关人士的评论，尤其是情绪化的论点，只能当做个人观点对待，耳旁风；其五，断章取义的引述，读者要去追寻讲话者的原意，有时不能光看网络新闻标题，还要看具体内容。

看消息还得抓大放小，今年股市的消息面看似复杂，但也有脉络，年初温家宝总理曾表示："今年将是中国经济最为复杂的一年"，确实，加息、欧债危机、地产调控、退出与不退出等一系列错综复杂的问题交织在一起，让投资者难以抉择。

转变经济增长方式是今年经济工作的重

点，转变方式是一种变化，也是一种转化。旧的、错的增长方式或者产业落后了，将会有新的、先进的生产方式和产业来代替，并不是简单的调整和打压。因此，我们没有必要对经济过分悲观，央行从去年年中就开始表示，需要根据国内外经济走势和物价变化，对货币政策进行动态微调，政策希望保持中间道路，既不希望激进也不希望保守，这就决定了今年的市场不应该是一个单边市场。

对于听到的消息，应该仔细斟酌，明辨是非，不能听风就是雨。应做到不信谣，不传谣，要传播正能量，放大利多效应，削弱利空影响。对于不确定消息，好消息宁信其无不信其有，坏消息宁信其有不信其无。长点心眼，绝无坏处。

第七章　警钟长鸣

股市有风险，进入须谨慎。这绝不是危言耸听，记得当年股市爆发之时，江老人家出面警告，许多人不以为然，结果风云突变，股市一落千丈，有多少人被跌得一蹶不振，懊恼不已。

找来一些警句送给大家，没什么逻辑性，信手拈来，或许有用。共计五十八句，寓意“我要发”，这可能是大家共同的心愿，共勉。

一、逃顶宜早不宜迟，因为下跌会来势凶猛，下一个目标更值得期待；抄底易迟不易早，要避免跌进陷阱，步入下行通道。

二、潮起潮落有可为，一马平川白溜达。

三、要学会见异思迁，见利忘义，唯利是图。

四、上升不一定属于你，下跌可能由你买单，适可而止，落袋为安。

五、早上船，晚上船，早晚得上船，闲着也是闲着，跟着海底捞回月也无妨，大不了呛呛水，反反胃，揪揪心。选好股，买对点，静观其变，坐收渔利。

六、如果当下舍不得割肉，最后就只好整块送人。

七、哪里跌倒哪里爬起，因为你更了解这只股票。

八、上升波段中有下跌回调，下跌波段中也有上升回调，要判断清楚并加以确认。

九、不要把鸡蛋放在一个篮子里，也不要一条道上跑到黑，倾巢之下无完卵。

十、炒股不能凭运气，也不能凭感觉，要讲科学，涨停板如同彩票中奖，可遇不可求。

十一、半仓买入是没自信，减半出逃是对股票的留恋，其实大跌随时可能来临，看走眼也可以矫正，半仓会损失利润，跑就全跑，发现错了再回来或另攀高枝，但要注意成本，股难炒，多是成本惹的祸。

十二、该跌的不跌，理应看涨；该涨的不涨则坚决看跌。

十三、如果你的股票处于上升波段，股

指却进入处于下降波段，如果本该上升的股票也跟着大盘下跌，则应该考虑卖出。

十四、拉升股，只要不是顶，任何意外下跌都不必太在意，会回来的，只可惜荒废了光阴；对于下滑和徘徊股，意外下跌坚决割肉，十拿九稳回不来了，否则赔了夫人又折兵。

十五、与其在长期徘徊和大跌反弹中干耗，不如割肉另起炉灶，时间就是金钱，除非能等到更大的蛋糕。

十六、股市大跌迅雷不及掩耳，如果出现普跌现象，应结合大盘头部位置尽快决定是否出局，机会稍纵即逝，急风暴雨似的涨跌定会愈演愈烈。

十七、大盘大跌一向以排山倒海之势让人猝不及防，山雨欲来风满楼，风吹草动。

十八、发现遭遇股市大跌回调，应立即斩仓所有下跌股，不管盈亏与否，绝不手软，宁可错杀一千，也不放过一个，待大盘止跌企稳后，悉数赎回原股，必定小有收获。注意，至少应留一个百分点的买卖成本。

十九、一元股可以讲投资，十元股就只

能投机了。

二十、波峰波谷，认知千差万别，行为因人而异。登峰，升势明朗，买势强劲，见好就收者跑；到达峰顶，各奔东西；下峰，跌势明显，抛势渐强，只有刚入市的傻瓜在买，也许庄家因需要而为之；谷底，买单渐多，陷阱也多，为了诱卖，庄家会自买自卖，股价上蹿下跳，钓鱼至鱼上钩。

二十一、目前中国股市属于人工波，股市形态不得而知。股指上升赚钱，股指下降也有钱赚，二者均呈波段走势，都有机会，就看你如何把握了。

二十二、底部拉升股，风险低，保本型，利润低；山腰拉升股，风险中，保本型，利润中；山顶拉升股，风险高，非保本型，利润高；山脊股，刺激，上去下不来；山峰股，悬崖陡壁，万丈深渊；泥潭股，陷进去就拔不出来。

二十三、高处不胜寒，夕阳无限好，只是尽黄昏。

二十四、虽说风光难再，梅开二度也不是没可能，但愿昨日重现。

二十五、逃顶，逃顶最重要！发现大盘

大跌就跑，一点也不晚。

二十六、塞翁失马，焉知祸福。

二十八、下挫为上扬之基，赔钱乃获利之师

二十九、上升无语真君子，下跌多言马后炮。

三十、在疯狂中面对现实——股市博弈悲壮惨烈，股市风云瞬息万变。

三十一、任凭风浪起，稳坐钓鱼台；任股市翻江倒海，我自岿然不动。

三十二、鸡肋，食之无味，弃之可惜，不进则退。

三十三、看清大势，大盘在下跌时期不买，在调整时期也不要买，只在上升期间才买入。

三十四、波段操作最忌讳的就是忍不住经常看行情，不要因为短线的波动而改变自己的操作计划，此时应该盯住的是大盘，当大盘下挫时坚决卖掉下跌股。

三十五、波段操作很重要，机会是跌出来的，但要确认是已经止跌企稳回升，芙蓉国里尽朝晖。

三十六、建立自己的股票池，只做熟悉

的股票。

三十七、炒股禁忌臆想、妄想、断想、幻想、遐想、狂想、畅想、梦想、空想等一切不着边际的胡思乱想，在小鸡尚未孵出之前，不要对其抱有过多的奢望。

三十八、盈不骄，亏不馁；吃一堑，长一智；面包会有的，牛奶也会有的，一切都会有的，别急。

三十九、无可奈何花落去，鹿死谁手未可知。盈利大同小异，亏损各有各的亏法。

四十、这山望着那山高，望山跑死马，没事别折腾，折腾耗成本、有风险，穷折腾，折腾穷。

四十一、短线是金，中线是银，长线破铜烂铁。采金不易掘银难，破铜烂铁更是钱，弄巧成拙回头望，尚不及破铜烂铁。什么样的人炒什么样的股。

四十二、栽什么树苗结什么果，撒什么种子开什么花，选股很重要。

四十三、不在沉寂中爆发，就在沉寂中灭亡。要挨得住黎明前的黑暗，大跌过后尽开颜。

四十四、原则性和审慎地灵活操作相结合是炒家立足的基础，遵章守法乃炒股之必备素质，万变不离初衷，爱谁谁。

四十五、炒股相当于马拉松接力赛，一棒传一棒，低价接的货也许能卖个更高价，高价收的货可能就要降价大甩卖，不要在高位处接棒。

四十六、要判断下跌性质：回调、见顶、个股利空、陷阱、大盘下跌，正常情况下，回调幅度不会很大，不用管它，有闲钱当然可以加仓；见顶会有征兆，应该不难判断，当然要全部清仓见顶股；个股利空要借助消息面，宁信其有不信其无，可用止损点控制；陷阱不用理会，骗钱呢；最棘手的是大盘下跌，难有征兆，尤其是技术层面的，可结合指数K线图，如果指数是处在下跌波段，最好全部清仓，可用止损点控制。

四十七、致ST：重组不是真，借壳亦是假，本来无效益，何以天天涨。

四十八、振臂一挥应者众，得来全不费工夫；跟着火光走，永远是闪电。

四十九、对于必涨之股，宁可在较低位

进入跟着探底反弹，也不在反弹后追着跑，这样很容易被甩掉。就如同坐电梯，你在二楼想上八楼，刚好有个向下的电梯开过来你没上，可是当电梯返回时人满没停，下一趟要等很久，跟着走可能要跑到五楼，孰轻孰重，一目了然。

五十、雪中送炭人间少，锦上添花世上多；涨者横涨，跌者横跌。

五十一、好股满市跑，看你找不找；股好不在价位，能涨就行。

五十二、初生牛犊不怕虎，胡作又非为。

五十三、保小博大，堆石成山。

五十四、上山容易下山难，由底至顶，升幅大于降幅，股价越爬越高，短中长皆宜，下跌没跑也没关系，反正还会回来，波段做得好只会增加收益，只要买卖盈利大于成本就不会有损失，但一定要跟紧，严防到顶，这样的股波底波顶都不重要，跟得住就只赚不赔；平地徘徊，升幅降幅持平，宜炒中短线，振幅很重要，一定要低吸高抛，这种股，即使放羊不管也不致太离谱；由顶至底，降幅大于升幅，股价渐行渐低，只宜炒短线，下跌一定要跑，否则反弹也回不来，定会愈陷愈深，这样的股还是小心为妙，谨慎待之。

五十五、留得青山在，不怕没材烧；小不舍则赔大头。

五十六、雨过天晴多壮丽，春满人间，盈在最后的坚持。

五十七、股市朝三暮四、瞬息万变，一定要严防变节，不可坐以待毙。

五十八、妖言是为了惑众，切不可听风就是雨，见风使舵时一定要稳、准、快。

第八章　偃旗息鼓

没有不散的宴席，无论骄阳多明媚，总有日落西山的时候，好梦终有时。无论是短期别市，长期隐退；还是金盆洗手，解甲归田，告老还乡；或是事出有因。我们都应该有个应对方案，以防不测。有道是，人无远虑，必有近忧。

短期别市，只要不是短线股，离登顶时间又有一段距离，应当没有问题，大可以把心放在肚子里，走你的，但是即将到顶的一定要卖掉，也可以找个人帮你照应着点，免生不测。在通讯如此发达的今天，走到哪里一般都可以上网操作，不必挂在心上。

长期隐退，又不想就此话别，打算有朝一日再杀他个回马枪者，选择底部拉升股或底部徘徊股，随便一个价位买进，回来后或许能有意想不到的收获。

如果是金盆洗手，解甲归田，告老还乡，应该精选细挑绝好股，尽可能最底部买进，尽可能最高价卖出，打他个漂亮仗，来他个华丽转身，让炒股生涯得以精彩谢幕，给人以余音袅袅、回味无穷的感觉。

为了防止意想不到的事情发生后无人接手，股票资产石沉大海，最好让与你较亲近的人当中的某一位，对你的炒股生涯有所了解，最起码要知道你的账号、密码、归属交易所、股票关联银行卡等信息，这样，在意外事件发生后也好有个人给你经管，帮你善后，尽力做到万无一疏。

不怕做不到，就怕没想到。一个人的智慧终究有限，还望读者自强。

第二部分　提高

第一章　道氏理论简介

道氏理论起初来源于新闻记者、首位华尔街日报记者和道琼斯公司的共同创立者查尔斯·亨利·道（1851年—1902年）的社论，在其去世后，由威廉·P·汉密尔顿、查尔斯·丽尔和E·乔治·希弗总结而成，其核心内容包括三大假设、三大公理和五个定理，道氏本身从未使用过道氏理论这个词。

道氏理论是所有市场技术研究的鼻祖，尽管他经常因为“反应太迟”而受到批评，并且有时还受到那些拒不相信其判定的人士的讥讽（尤其是在熊市的早期），但只要对股市稍有经历的人都对它有所闻，并受到大多数人的敬重，但人们从未意识到那是完全简单的技术性的，那不是根据什么别的，是股市本身的行为（通常用指数来表达），而不是基本分析人士所依靠的商业统计材料。

值得一提的是，这一理论的创始人查尔斯·道声称其理论并不是用于预测股市，甚至不是用于指导投资者，而是一种反映市场总体趋势的晴雨表，大多数人将道氏理论当做一种技术分析手段是非常遗憾的。其实，道氏理论的最伟大之处在于其宝贵的哲学思想，这是它全部的精髓，雷亚在所有相关著述中都强调，道氏理论在设计上是一种提升投机者或者投资者知识的配备或工具，并不是可以脱离经济基本条件与市场现况的一种全方位的严格的技术理论，根据定义，道氏理论是一种技术理论，换言之，它是根据价格模式的研究推测未来价格行为的一种方法。

道氏理论的大意是，在每日的股市涨跌背后，深藏着固有的运动规律，绝大多数股票跟随大盘指数以三重运动的方式演绎，牛熊交替，周而复始，投资人可以把道氏理论作为股市晴雨表，预测长期走势（月、年），少数成功老练的专业投机者可以研判、把握中期走势（周、月），有心成功者均可以通过把握趋势拐点买卖，从而获利。

三大假设：

一、人为操作——指数或证券每天、每星期的波动可能受到人为操作，次级折返走势也可能受到这方面有限的影响，比如常见的调整走势，但主要趋势不会受到人为的操作。

二、市场指数会反映每一条信息——每一位对于金融事务有所了解的市场人士，他所有的希望、失望与知识，都会反映在上证指数与深圳指数或其他的什么指数每天的收盘价波动中；因此，市场指数永远会适当地预期未来事件的影响。如果发生火灾、地震、战争等灾难，市场指数也会迅速地加以评估。

三、道氏理论是客观化的分析理论——成功利用它协助投机或投资行为，需要深入研究，并客观判断，当主观使用它时，就会不断犯错，不断亏损。

三大公理：

一、市场行为包容和消化一切。

二、市场行为按趋势运行。

三、历史会重演。

五个定理：

一、道氏的三种走势，股票指数与任何市场都有三种趋势——短期趋势，持续数天至数个星期；中期趋势，持续数个星期至数个月；长期趋势，持续数个月至数年。任何市场中，这三种趋势必然同时存在，彼此的方向可能相反，长期趋势最为重要，也最容易被辨认，归类与了解，它是投资者的重要考量，对于投机者较为次要的中期和短期趋势都存在于长期趋势之中，唯有明白他们在长期趋势中的位置，才可以充分了解他们，并从中获利；中期趋势对于投资者较为次要，但却是投机者的主要考虑因素，它与长期趋势的方向可能相同，也可能相反，如果中期趋势严重背离长期趋势，则被视为是次级的折返走势或修正次级折返走势，必须谨慎予以评估，不可将其误认为是长期趋势的改变；短期趋势最难预测，唯有交易者才会随时考虑它。投机者与投资者仅有在少数情况下，才会关心短期趋势：在短期趋势中寻找适当的买进或卖出时机，以追求最大的获利，或尽可能减少损失。

二、主要走势代表整体的基本趋势，通常称为多头或空头市场，持续时间可能在一年以内，乃至于数年之久，正确判断主要走势的方向，是投机行为成功与否的最重要因素，没有任何已知的方法可以预测主要走势的持续期限。

三、主要的空头市场是长期向下的走势，其间夹杂着重要的反弹，它来自于各种不利的经济因素，唯有股票价格充分反映可能出现的最糟情况后，这种走势才会结束。

四、主要的多头市场是一种整体性的上涨走势，其中夹杂次级的折返走势，平均的持续期间长于两年，在此期间，由于经济情况好转与投机活动转盛，所以投资性与投机性的需求增加，并因此推高股票价格。

五、就此处的讨论来说，次级折返走势是多头市场中重要的下跌走势，或空头市场中重要的上涨走势，持续的时间通常在三个星期至数个月，此期间内折返的幅度为前一次级折返走势结束之后主要走势幅度的33%至66%，次级折返走势经常被误以为是主要走势的改变，因为多头市场的初期走势，显然可能仅是空头市场的次级折返走势，相反的情况则会发生在多头市场出现顶部后。

第二章 波浪理论简介

所谓波浪理论，是美国技术分析大师拉尔夫·纳尔逊·艾略特，以道琼斯工业平均指数作为研究对象发明的一种分析工具。这一理论可以在趋势确立之时预测趋势何时结束，是现存最好的一种预测工具。群体心理是该理论的重要依据，清淡的交易市场难以发挥它的作用。

拉尔夫·纳尔逊·艾略特发现，不断变化的股价结构性形态反映了自然和谐之美，并根据这一发现提出了一套相关的市场分析理论，精炼出市场的 13 种形态或者称为波，在市场上这些形态重复出现，但是出现的时间间隔及幅度大小并不一定具有再现性。尔后他又发现了这些呈结构性形态之图形可以连接起来，形成同样形态的更大图形，这样就又提出了一系列权威性的演绎法则用来解释市场的行为，并特别强调波动原理的预测价值，这就是久负盛名的艾略特波段理论，又称波浪理论。

波浪理论的创始人—拉尔夫·纳尔逊·艾略特提出，人类和社会的行为在某种意义上呈现可认知的形态，将不同规模的趋势分成九大类，最长的超大循环波是横跨 200 年的超大型周期，而次微波则只覆盖数小时之内的走势。但无论趋势的规模如何，每一周期由 8 个波浪构成这一点是不变的。

这个理论的前提是：股价随主趋势而行时，依五波的顺序波动。不管是多头市场还是空头市场，每个完整循环都会有几个波段。

多头市场的一个循环中前五个波段是看涨的，后三个则是看跌的。而前五个波段中，第一、三、五，即奇数序号，是上升的；第二、四、六波段，即偶数波段中的六波段偶数序号是明显看跌的；第七为奇数序号则是反弹整理。因此奇数序波段基本上在不同程度上是看涨的或反弹，而偶数序波段则是看跌或回跌。整个循环呈现的是一上一下的总规律。而从更长的时间看，一个循环的前五个波段构成一个大循环的第一波段，后三个波段构成大循环的第二个波段。整个大循环也由八个波段组成。

就空头市场看，情形则相反，前五个波段是看跌行情，后三个则呈现看涨行情。前五个波段中，又是第一、三、五奇数序波段看跌，二、四偶数序波段反弹整理，看涨行情的三段中，则第六、八段看涨，第七回跌整理。整个循环依然是一上一下的八个波段。在空头市场，一个循环也构成一个大循环的第一、二个波段，大循环也由八个波段组成。

无论是多头市场还是空头市场，第三波段是最长的，即上升时升幅最大，下降时跌幅也最大。逆主趋势而行时，则依三波的顺序波动。长波可以持续 100 年以上，次波的期间相当短暂。

艾略特的波浪理论利用道琼斯工业平均指数作为研究工具，论断宏观而深奥，没人能活到二百年，不用管他。

第三章　江恩理论简介

威廉·江恩，二十世纪最著名的投资大师，他结合自己在股票和期货市场上的骄人成绩和宝贵经验，建立起以研究监测股市为主的理论体系，是通过对数学、几何学、宗教、天文学等的综合运用建立的独特分析方法和测市理论，包括江恩时间法则、江恩价格法则和江恩线等。

江恩于1878年6月6日出生于美国德克萨斯州的路芙根市，父母是爱尔兰裔移民，在其投资生涯中，成功率高达80%~90%，他用小钱赚取了巨大的财富，在其五十三年的投资生涯中，共从市场上取得过三亿五千万美元的纯利。

江恩理论认为，股票、期货市场里也存在着宇宙中的自然规则，市场的价格运行趋势不是杂乱的，而是可通过数学方法预测的，它的实质就是在看似无序的市场中建立了严格的交易秩序，可以用来发现何时价格会发生回调和将回调到什么价位。

他认为，投资损失主因有三：

其一、在有限的资本上过度买卖，也就是说操作过分频繁，在市场中做短线和超短线要有很高的操作技巧，在投资者没有掌握这些操作技巧之前，过分强调做短线常会导致不小的损失；

其二、投资者没有设立止损点以控制损失，很多投资者遭受巨大损失就是因为没有设置合适的止损点，结果任其错误无限发展，损失越来越大，因此学会设置止损点以控制风险是投资者必须学会的基本功之一，有一些投资者，虽然设了止损点，但在实际操作中并不坚决执行，结果因一念之差，遭受巨大损失；

其三、缺乏市场知识是在市场买卖中损失的最重要原因，一些投资者并不注重学习市场知识，而是想当然办事或者主观认为市场会如何如何，不会辨别消息的真伪，结果接受错误误导，遭受巨大的损失，还有一些投资者仅凭一些书本上学来的知识来指导实践，不加区别的套用，造成巨大损失，这种市场知识需要在市场中摸爬滚打相当时间才能真正有所体会。

江恩线是江恩理论与投资方法的重要概念，江恩线的数学表达有两个基本要素，这两个基本要素是价格和时间，他通过江恩圆形、江恩螺旋正方形、江恩六边形、江恩轮中轮等图形将价格与时间完美的融合起来，在他的理论中，“7”是一个非常重要的数字，江恩在划分市场周期循环时，经常使用“7”或“7”的倍数，他认为“7”融合了自然、天文与宗教的理念。

回调理论是江恩价格理论中重要的一部分，回调是指价格在主运动趋势中暂时的反转运动，根据价格水平线的概念，每条 8 等分和 3 等分价格水平线表示对未来价格运动的不同等级的支持线或阻力线，其中 50%、63% 或 100% 最为有力，不论价格上升或下降，最重要的价位是在 50% 的位置，在这个位置经常会发生价格的回调，如果在这个价位没有发生回调，那么，在 63% 的价位上就会出现回调，在江恩价位中，30%、63%、100%最为重要，他们分别与几何角度45度、63度和90度相对应，这些价位通常用来决定建立50%回调带，价格反转后常常到达江恩价格带的位置再次反转，即使当日的价格一时超过江恩回调位置，但收市的价格常常落在回调带中。

江恩的循环理论是对整个江恩思想及其多年投资经验的总结，江恩把他的理论用按一定规律展开的圆形、正方形、和六角形来进行推述，这些图形包括了江恩理论中的时间法则、价格法则、几何角、回调带等概念，图形化的揭示了市场价格的运行规律，江恩认为较重要的循环周期有：短期循环，如1小时、2小时、4小时、……18小时、24小时、3周、7周、13周、15周、3个月、7个月；中期循环，如1年、2年、3年、5年、7年、10年、13年、15年；长期循环，如20年、30年、45年、49年、60年、82或84年、90年、100年。30年循环周期是江恩分析的重要基础，因为30年共有360个月，这恰好是360度圆周循环，按江恩的价格带理论对其进行

1/8、2/8、3/8......7/8 等，正好可以得到江恩长期、中期和短期循环。10 年循环周期也是江恩分析的重要基础，江恩认为，十年周期可以再现市场的循环，例如，一个新的历史低点将出现在一个历史高点的十年之后，反之，一个新的历史高点将出现在一个历史低点之后，任何一个长期的升势或跌势都不可能不做调整的持续三年以上，其间必然有三至六个月的调整，因此，十年循环的升势过程实际上是前六年中，每三年出现一个顶部，最后四年出现最后的顶部，这些长短不同的循环周期之间存在着某种数量上的联系，如倍数关系或平方关系，江恩将这些关系用圆形、正方形、六角形等显示出来，为正确预测股市走势提供了有力的工具。

江恩认为，市场的波动率或内在周期性因素，来自市场时间与价位的倍数关系，当市场的内在波动频率与外来市场推动力量的频率产生倍数关系时，市场便会出现共振关系，令市场产生向上或向下的巨大作用。回顾历史走势可以发现，股票走势经常大起大伏，一旦从低位启动，产生向上突破，股价如脱缰的野马奔腾向上，而一旦从高位产生向下突破，股价又如决堤的江水一泻千里，这就是共振作用在股市之中的反映。共振可以产生势，而这种势一旦产生，向上向下的威力都极大，它能引发人们的情绪和操作行为，产生一边倒的情况，向上时人们情绪高昂，蜂拥入市；向下时，人人恐慌，股价狂泻，如同遇到世界末日一样发生价格崩溃。共振由多因素的一致性引发，但共振并不是随时都可以发生，而是有条件的，当这些条件满足时，可以产生共振；当条件不满足时，共振就不会发生；当部分条件满足时，也会产生共振，但作用就小；当共振的条件满足得越多时，共振的威力就越大。在许多时候，已经具备了许多条件，但是共振并没有发生，这可以理解为万事俱备、只欠东风，东风不刮，火就烧不起来，而东风是关键条件，如果没有关键条件，共振将无法产生，市场的外来因素是从大自然循环及地球季节变化的时间循环而来，共振是一种合力，是发生在同一时间多种力量向同一方面推动的力量，投资者一旦找到这个点，将可获得巨大利润和回避巨大风险。

江恩的分割比率是以 8 为基础的，也就是江恩的分割比率是 50%（二分之一），其次是 25%（四分之一）和 75%（四分之三），再其次便是八分之一、八分之三、八分之五及八分之七。

第四章　蜡烛图技术简介

日本的蜡烛图技术，是现今人们普遍用于分析期货、股票、外汇等证券市场的一个重要方法。

K线图中带影线的柱体很像蜡烛，由此得称蜡烛图。蜡烛图技术是一种K线图分析技术，这种技术根据一系列蜡烛线组合成的不同趋势形态，分析得出相关结论的数据，以此数据来预测行情未来走势，判断证券市场是牛还是熊，确定最佳入场和出场的时间点，意图准确把握市场动脉。

蜡烛图源于日本德川幕府时代（1603～1867年）的米交易，用来计算米价每天涨跌。当时日本粮食市场有位叫本间宗久的商人为能够预测米价涨跌，他每天仔细地观察场米价变化情况，以此来分析预测市场米价涨跌规律，并将米价波动用图形记录下来，这种图形就K线最初雏形，故K线又称日本线或酒田线（也称酒井线），后来被迅速推广到股市并向世界流传，其K线图组合成若干种形态统计。由于本间宗久的家乡在日本酒田，故其罫线之法被称为酒田战法。1990年，美国人史蒂夫·尼森以《阴线阳线》一书向西方金融界引进日本K线图，立即引起轰动，史蒂夫·尼森在《股票K线战法》书中第一次向西方金融界展示了日本长期以来具有强大生命力的4种技术分析手段，破解日本金融界投资的秘密，展示蜡烛图、三线反转图、砖块图、折线图的魅力，史蒂夫·尼森因此而被西方金融界誉为K线之父。

K线，是阴阳线的统称，之所谓是K线，因为在日本K并未写成K字，而是写作罫(日本音读kei)，K是罫的读音，西方以英文字母K音译为K线，称罫图线为K线图，由此发展而来。罫字，中文的解释是：棋局，局之线道谓之枰，线道之间谓之罫。

蜡烛线又称K线、阴阳线、棒线、红绿线，就是将各种股票每日、每周、每月开盘价、收盘价、最高价、最低价等涨跌变化状况，用图形方式表现出来，即蜡烛图。以交易时间为横坐标，价格为纵坐标，将每日的K线连续绘出即成K线图。K线最上方细线称为上影线，中间为柱体，下面的细线为下影线。当收盘价高于开盘价，也就股价走势呈上升趋势时，我们称这种情况下的K线为阳线，中部柱体以空白或红色表示，这时上影线的长度表示最高价和收盘价之间价差，柱体长短代表收盘价与开盘价之间价差，下影线长度则代表开盘价和最低价之间的差价；当收盘价低于开盘价，也就股价走势呈下降趋势时，我们称这种情况下的K线为阴线，中间柱体以绿色填充，这时上影线的长度表示最高价与开盘价之间的价差，柱体的长短代表开盘价与收盘价之间价差，下影线长度则代表收盘价和最低价之间的差价。

十字线：在市场开盘价和收盘价相等时，烛身最小而形成。十字线可视为反转信号，若出现在股价高档时，且次日收盘价低于当日收盘价，表示卖方力道较强，股价可能回跌；若出现在股价低档时，且次日收盘价高于当日收盘价，表示买方力道较强，股价可能上扬。出现十字线虽然代表市场有疲惫的意思，但不能将十字线视为独立的买进或卖出讯号，因为十字线的顶端经常代表压力，但随后的价格如果穿越十字线的高价，上升趋势应该可以继续发展，当十字线出现时，应该等待一、二个交易时段，观察行情的发展。在上涨途中出现，继续看涨；在下跌途中出现，继续看跌，信号可靠性不强，应结合其它K线一起研判。

长十字线：长十字线是指开盘价和收盘价相同，而上下影线较长的K线。长十字线包含的市场信息是多空双方力量对比在某一价位上暂时平衡，长十字线出现后股价走向取决于力量增强的一方，如果在涨势中，尤其股价有了一段较大幅度上涨之后出现长十字线，股价见顶回落可能性很大；如果在跌势中，尤其股价有了一段较大幅度下跌之后出现长十字线，股价见低回升的可能性很大，也就是说，长十字线在上涨趋势末端出现，是见顶信号；在下跌趋势末端出现，是见底信号。但是，长十字线如出现在上涨途中，应继续看涨；如出现在下跌途中，则继续看跌。

锤头线：出现于市场交易价格显著低于开盘价，但随后在当天重新上扬，收盘价高于或接近开盘价的情况下，该模式形成一个锤头形状的烛台。出现在跌途中，阳线（亦可以是阴线）实体很小，一般无上影线（即使有，上影线也很短），但下影线很长，是见底信号，后市看涨。锤头实体与下影线比例越悬殊，越有参考价值，如锤头与早晨之星同时出现，见底信号就更加可靠，通常，在下跌过程中，尤其是在股价大幅下跌后出现锤头线，股价转跌为升的可能性较大，这里要注意的是锤头线止跌回升的效果如何，与下列因素有密切关系：锤头实体越小，下影线越长，止跌作用就越明显；股价下跌时间越长，幅度越大，锤头线见底信号就越明确；锤头线有阳线锤头与阴线锤头之分，作用意义相同，但一般说来，阳线锤头力度要大于阴线锤头。投资者在下跌行情中见到锤头线，激进型的可试探性地做多，稳健型的可在锤头线出现后再观察几天，如股价能放量上升，即可跟着做多。

倒置锤头：出现于证券交易在开盘后显

著走高，但在收盘时远离最高点，失去当日大部分收益的情况下。出现在下跌途中，阳线（也可以是阴线）实体很小，上影线大于或等于实体的两倍，一般无下影线，少数会略有一点下影线，见底信号，后市看涨，实体与上影线比例越悬殊，信号越有参考价值，如倒锤头与早晨之星同时出现，见底信号就更加可靠，值得注意的是，如果倒锤头线出现在上涨后相对高的位置，则属于看空信号，称之为射击之星。

黎明之星：也称早晨之星、晨星、希望之星，是由三根 K 线组成的 K 线组合形态，它是一种行情见底转势的形态，这种形态如果出现在下降趋势中应引起注意，因为此时趋势已发出比较明确的反转信号，是一个非常好的买入时机。该形态预示跌势将尽，大盘处于拉升的前夜，行情摆脱下跌的阴影，逐步走向光明。黎明之星一般由 3 个交易日的 3 根 K 线构成，第一天股价继续下跌，并且由于恐慌性的抛盘而出现一根巨大的阴线，大事不妙；第二天跳空下行，但跌幅不大，实体部分较短，形成星的主体部分，这既可以是阴线，也可以是阳线；第三天一根长阳线拔地而起，价格收复第一天的大部分失地，市场发出明显看涨信号。香港恒生指数于1999年2月19日以大阴烛下跌，其后交易日再以裂口下跌但形成星体，在第3日以裂口升回第1枝阴烛身一半以上，至5月初指数升至13700点，升幅近50%。

墓碑：开盘高于上一交易日收盘价的上扬市场缺口，它会走到一个新高，然后失去力量在接近最低价的位置收盘，这是一种熊市势头，下一个交易日中低于射击之星实体的开盘价将确认趋势的逆转，如果开盘价和收盘价相同，该指标就被认为是墓碑十字线，墓碑十字线 比射击之星模式更可靠。墓碑十字是股价拉起之后又被打压下来的一种线形，出现的位置不同，其意义也大不一样：第一种是上升趋势中出现的墓碑十字，这种情况一般表示多方已经受阻，空方可能卷土重来，且上影线越长，墓碑十字所代表的意义越偏空；第二种常常出现在股价暴跌过程中的跌停板位置，股价以跌停板开盘之后，盘中杀入大量买盘将跌停板打开，最后又重新收于跌停板，这种情形意味着跌势开始受阻，它通常伴随着成交量的急剧放大、高换手率、多方开始反扑，但收盘价的下回意味着跌势还没有结束，股价仍将继续下跌。

射击之星：反映逆转的烛台，之前股价处于高位，烛身很大，发生射击之星现象的当天开盘价（通常情况下）将高于前一天的收盘价，之后股价攀升到高点，但最后以低于开盘价的价格收盘。

白三兵：白三兵是牛市的逆转模式，形成三个连贯的长白蜡烛，在一段走低后，白三兵模式指示市场心态的改变和从熊市到牛市的逆转趋势，牛市的确认毋庸置疑，有时逆转会形成一个价格支撑位。

三顶绿帽子：熊市逆转模式，由三个连续的绿烛身组成，每天开盘时高于昨天的最低价，但收盘时低于昨天的最低价。

平头顶部形态和平头底部形态：当市场在相邻的两个交易日、或者在数个交易日内，二度试探同一个高点或者低点的水平时，就形成了一个平头形态，这类形态本身仅属于小规模的反转信号，但是如果组成平头形态的两根蜡烛线同时还形成了其他蜡烛图指标的话，就增添了额外的重要性。举例来说，如果一个十字孕线形态的两根蜡烛线的最高价处于相同的水平，那么，这两根蜡烛线一举形成了两个蜡烛图形态：一个平头顶部形态和一个十字孕线形态，由此看来，这可能是一个重要的顶部反转信号。

分手线：在上升趋势（或下降趋势）中，某日市场开市于前一日的开市价的水平，收市于较高的（或者较低的）水平，并且当日蜡烛线的颜色与前一日的相反，由此就形成了一个分手线形态，在本形态出现后，之前的趋势即将恢复。

风大浪高线：这类蜡烛线具有非常长的上影线或下影线，以及一个短短的实体，一群风大浪高线可能预示着市场转折点已经到来。

前方受阻形态：这是白色三兵形态的一种变体，其中后两根白色蜡烛线显示出市场向上的驱动力正在减弱，从具体表现形式来看，其疲软性质既可能反映在长长的上影线上，也可能反映在逐步缩小的实体上，本形态标志着市场买进力量的衰退，或者卖出压力的增长。

反击（蜡烛）线：也称约会线，在下降趋势（或上升趋势）中，在一根绿色蜡烛线（或者白色蜡烛线）之后，市场在开市时急剧地向下跳空（或向上跳空），在收市时市场却与前一天的收市价处于同一水平，这就形成了一个反击线形态，本形态的出现，反映出牛、熊双方胶着状态，一时难分雄雌。

黄昏星形态：这是一类主要反转形态，由三根蜡烛线组成。第一根是一个高高的白色实体，第二根是一个小实体（既可以为白色，也可以为绿色），并且它向上跳空，形成了一根星线，第三根是一个绿色的蜡烛线，其收市价明显地向下穿入第一根白色实体的内部。

第五章　股票箱理论简介

股票箱理论，也称箱形理论，产生于纽约华尔街，是由股票门外汉达韦斯·尼古拉在美国证券市场投资的过程中所创造的一种理论。

股票箱理论是目前投资者使用的最多的技术分析理论之一，达韦斯·尼古拉认为股价一般是在一定的范围内波动，这样就形成一个股价运行的箱体，当股价滑落到箱体的底部时会受到买盘的支撑，当股价上升到箱体的顶部时会受到卖盘的压力，一旦股价有效突破原箱体的顶部或底部，股价就会进入一个新的股票箱里运行，原股票箱的顶部或底部将成为重要的支撑位和压力位，因此，只要股价上扬并冲到了心里所想象的另外一个箱子，就应买进，反之，则应卖出。

移动方式：

一、上涨趋势时股价涨多了必然会获利

回吐，自然导致股价下跌，但是当市场上的筹码消化的差不多的时候，股价自然会再产生另一段涨升行情，如此的周而复始到达一个头部为止。

二、下跌趋势时，股价跌多了必然会有反弹出现，但随之又有卖压出现，造成了另一段的跌幅，如此的周而复始到达一个底部为止。

三、在盘整时，也可以大概的画出股票箱，以区间的操作为主。

操作方法：

一、设定好股票箱的压力、支撑后，就可以在股票箱内，短线来回操作，不断来回进出，从中赚取差价。

二、随时留意股票箱的变化，并比对上、下两个股票箱的位置，意即支撑与压力会互换，行情往上突破，当初的压力就变支撑，行情往下跌破，当初箱型的底部支撑就变成股价的压力。

三、当股票箱发生变化之后，投资人必须在新的股票箱被确认后，才可以在新的股票箱之内短线操作。

四、短、中、长线，各有短中长线的股票箱，但运用方法与原理是互通的。

振荡市箱中捉股：振荡市表现为股价高低振荡、反复无常、捉摸不定，股价无明确的趋势，既有向上突破的可能，亦有向下突破的可能，此时长线投资往往难以获利，但是如果擅长于股票箱理论，采取滚动操作，却可收到瓮中捉鳖、反复赚钱的效果。

股票箱理论认为，股价运动虽然难以捉摸，但基本在类似于一个上有箱顶、下有箱底的箱体内波动，正如一个乒乓球被关在一个笼子里上下跳动，因此，我们可以在股价接近箱底时买入，在接近箱顶时卖出，实行滚动操作，其操作要点为：

一、重点跟踪一两只股票，了解这只股票的股性、支撑位和压力位。选股不能贪多，不熟不做，只有选定一两只股票，在摸透其脾气的基础上来回买卖，才能提高胜算率。

二、选取明显呈振荡走势的个股，即不属于单边上扬的个股（此类股可用其他策略），亦不属于单边下跌的股，而是呈箱形整理（矩形整理）或是平盘整理的个股；股价波幅较大，一般来说上下波幅要大于10%，波幅过小的个股若不能买到最低价卖不到最高价，扣除手续费之后很难赚钱。

三、寻找该股的箱底和箱顶。这是应用股票箱理论最重要的一环，可采用二次确认的原则，即只要股价有两次在相近的高点回落，可确认该点为箱顶；有两次在相近的低点附近企稳回升，可确认此位为箱底。

四、确认了箱顶和箱底之后，再在箱顶上面划一根线，每天在此位挂一卖单（假若手中有货）；在箱底附近划条线，每天在此位附近挂一买单（假若手中有钱），价格回调至此位则自动成交。

此法看起来有点守株待兔的味道，但恰恰是这个笨办法，能在防范风险的同时保证获取稳定的收益，因为买到的都是相对低价，风险极其有限，在有一定升幅之后立即获利为安，这样积小胜为大胜，积小赚为大赚，一个周期下来，往往取得可观的收益。

注重点：

一、这一套是短线操作法宝，理论依据在于，不买便宜的股票，只买会涨的股票（要站上股票箱之上）；

二、将某一阶段的涨跌，视之为股票箱，当股价在第一个股票箱内起伏时只作冷静分析，而不采取行动，一直等到股价确实上升到第二个股票箱，甚至第三个股票箱时，才会进场买进；

三、在买进股票之后，只要股价不回跌至前一股票箱顶之下，就不卖出；

四、当股价碰触到止损点时，要毫不犹豫立刻卖出，当股价即将由上一个股票箱下降到下一个股票箱时，上一个股票箱的底部就是止损点，当股价破底时，马上出脱；

五、尼古拉的止损点，是为获利而设的，他的止损点，等于是获利了结，每一个股票箱都有其头部与底部，头部就是箱形的压力，而底部就是它的支撑。

原则：

一、首先必须确定股价趋势，确定股价是处在上升行情还是下跌行情之中后，再寻找每段小行情的高点和低点。

二、根据每段行情的高低转折点配合股价（或指数）的涨跌幅度计算出买入或卖出的时机与价位。

三、在上升行情里做多，下跌行情里停止操作，顺势而为。

四、短线操作需要灵敏和丰富的操作经验，所以依照股票箱操作最好以中长线为宜。

五、股票箱的变动，最好先观察一、二个箱形变化后，再决定是否进行买卖，切勿冒险在第一股票箱内入市操作。

六、由于当日或短期箱形变动极易受到突发因素影响，可能产生不规则变动，应提高警觉。

七、使用箱形操作，最好能以大势为前提，以每段行情为操作重心，不要乱抢帽子。

第六章　股票投资分析法简介

股票投资的分析方法主要有三种，即基本分析法、技术分析法、演化分析法，其中基本分析法主要应用于投资标的物的选择上，技术分析法和演化分析法则主要应用于具体投资操作的时间和空间判断上。

三种分析法之间既相互联系，又有重要区别，相互联系之处在于，技术分析法要有基本分析法的支持，才可避免缘木求鱼，而技术分析法和基本分析法要纳入演化分析法的框架之中，只有这样，才能真正提高可持续生存能力；而重要区别则在于，技术分析法认为市场是对的，股价走势已经包含了所有有用的信息，其基本思路和策略是顺势而为并及时纠错，基本分析法认为他们自己的分析是对的，市场出错会经常发生，其基本思路和策略是低价买入并长期持有，演化分析法则认为市场和投资者的对与错，无论在时间还是空间上，都不存在绝对、统一、可量化的衡量标准，而是复杂交织并不断演化的，其基本思路和策略是一切以市场生态环境为前提。

一、基本分析法是以传统经济学理论为基础，以企业价值作为主要研究对象，通过对决定企业内在价值和影响股票价格的宏观经济形势、行业发展前景、企业经营状况等进行详尽分析，以大概测算上市公司的长期投资价值和安全边际，并与当前的股票价格进行比较，形成相应的投资建议。

基本分析认为股价波动不可能被准确预测，而只能在有足够安全边际的情况下买入股票并长期持有。

二、技术分析法是以传统证券学理论为基础，以股票价格作为主要研究对象，以预测股价波动趋势为主要目的，从股价变化的历史图表入手，对股票市场波动规律进行分析的方法总和。

技术分析认为市场行为包容消化一切，股价波动可以定量分析和预测，价格以趋势方式演变，并且历史会重演。

技术分析法的特点是：1、强调价格变化的相对高低点；2、价格变动有一定趋势；3、价格走势能在图表中反映；4、准确性随证券市场规范运作程度逐步提高；5、适于投机性的短期操作。

三、演化分析法是以演化证券学理论为基础，将股市波动的生命运动特性作为主要研究对象，从股市的代谢性、趋利性、适应性、可塑性、应激性、变异性和节律性等方面入手，对市场波动方向与空间进行动态跟踪研究，为股票交易决策提供理论支持。

演化分析法认为股市运作的背后具有很强的生物进化逻辑，所有市场行为都受到生物进化法则的广泛制约，只要多从生物本能和适应与竞争的角度观察市场，就可以找到持续性盈利的思路、线索和方法。股价波动无法准确预测，因此它属于模糊分析范畴，并不试图为股价波动轨迹提供定量描述和预测，而是着重为投资人建立一种科学观察和理解股市波动逻辑的全新的分析框架。

第七章　亚当理论简介

亚当理论是美国人威尔德所创立的投资理论，威尔德于 1978 年发明了著名的强弱指数 RSI，还发明了其它分析工具如 PAR、抛物线、动力指标 MOM、摇摆指数、市价波幅等，这些分析工具在当时的时代大行其道，受到不少投资者的欢迎，即使在今天的证券投资市场中，RSI 仍然是非常有名的分析工具，但是威尔德后来发表文章推翻了这些分析工具的好处，重新推出了另一套崭新理论去取代这些分析工具，这就是亚当理论。

亚当理论的基本观点是，任何技术分析都有缺陷，都无法准确预测股市，凭技术指标就能预测股市的话，掌握了 RSI、SAR 等技术指标工具的人就可以毫不费力地成为百万富翁，但实际上，正是掌握了 RSI、SAR 等技术指标工具的人，却在炒股中往往亏得一塌糊涂。必须摒弃马后炮、主观的技术分析，炒股就是要顺势而行，不可逆势而行。只要是升势确立，哪怕已经升高也要坚决跟进，因为升高了还可以再升高；只要是跌势确立，哪怕亏损割肉也要坚决平仓，杜绝均价摊低越跌越买的愚蠢买入法，因为跌深了还可以再跌深。一旦判断失误，炒作方向错误，则应该认错改错，坚决果断出局，不能摆出一副死猪不怕开水烫的态度，自己不要和股市较劲。对资金要留有余额，全部投入则没有周转的空间。

亚当理论提出如下做法：

一、在进入投机市场前，一定要认清该市场的趋势是上升还是下跌，在升市中主要以做多为主，在跌市中则以卖空为主，切记买卖方向不要做错，即在升市做空、跌市买涨是最愚蠢而且相当危险的。

二、买入后遇跌，卖出后却升，就应该警惕是否看错大势，看错就要认错，及早投降，不要和大势为敌，不要固执己见，要承认自己看错方向，及早认识错误则可将损失减到较少的程度，在未买卖之前一定要订立止损点，并且不随意更改既定的止损点，切忌寻找各种借口为自己的错误看法辩护，因为那样只会使自己深陷泥潭，损失更大。在投机市场中，不要把面子看得太重，看重脸面则损失票面也。

三、抛弃迷信技术分析指标或工具的做法，各种技术分析、技术指标均有缺陷，过于依赖这些技术分析指针的所谓买卖信号，有可能使资金遭遇被套的危险，那些相反理论买入法或马丁基的加码法教人越跌越买并不是好的投资理论和方法，这些做法坚决摒弃。

亚当理论的十大戒条：

一、一定要认识市场运作，认识市势，否则绝对不买不卖。

二、进场买卖时，应在落盘时立即定下止损价位。

三、止损价位一到即要执行，不可以随便更改，调低止蚀位。

四、进场看错，不宜一错再错，手风不顺者要离，再冷静分析检讨。

五、进场看错，只可止损，不可一路加注以平均价位，否则可能越蚀越多。

六、切勿看错市而不肯认输，越错越深。

七、每一种分析工具都并非完善，一样会有出错机会。

八、市升买升，市跌卖跌，顺势而行。

九、切勿妄自推测升到哪个价位是升到尽，跌到哪个价位才算跌到尽，浪顶浪底最难测，不如顺势而行。

十、看错市，一旦蚀10%就一定要斩立刻断，重新来过，不要蚀本超过10%，否则再追翻就很困难。

亚当理论的十大守则：

一、除非是朝操作所要的方向，否则绝不取消或移动止损。你会想朝操作反方向移动止损的唯一时刻，是操作部位发生亏损，而且市场对你不利时，根据定义，在这个时点你是错的。你会错得更离谱的第二种方式，即是移动止损，导致你的操作赔更多钱。请记住，你最后一次真正客观的时候，是在进场之前决定止损的时候，如果你移动止损，那么期待之情便完全压制住你冷静且算计妥当的客观性，而且你不再是个理性的操作者，恐惧可以发挥很好的效用，贪婪可以构成障碍，但期待之情一旦占上风，却会使人万劫不复。

二、如果市场往某个方向爆炸性发展，千万别逆市操作。超买的市场绝没有不能再涨的理由，卖超的市场绝没有不能再向下的理由，这是敌人喜欢布置的陷进，把一张非常具有方向性的市场图拿给五岁的小孩看，问他明天要站市场的哪一边，这位小孩根本不懂什么叫买超、卖超，什么叫支撑、阻力，更别提更高深的技术分析，他不知道是曾经涨得多高，曾经跌得多低，他对什么叫基本面一无所知，他没有操作者背景和经验，那么他会怎么告诉你，说他要站在市场的那一边，这就是那么简单。

三、在操作或加码时，绝不能不同时设止损。在你开始操作之前，先决定你愿意错多久，这句话的另一种说法是“这笔操作我愿意赔多少钱”，在你进场之前，必须做这个决定，因为只有在进场之前，才能做出客观的决定，一旦你处在市场之中，你就不再客观的了，这世界上绝没有精神上的止损这回事，除非把止损放进市场中，否则止损就不算是止损。

四、任何一天，不要让自己亏掉操作资金的 10% 以上，恪守以上四项守则，仍可能受到伤害，由于部位很多，即使止损点很接近，许多或所有部位对你不利，一天之内，你仍可能赔掉操作资金的 10% 以上。

五、绝不让合理的小损失演变成一发不可收拾的大损失，只要有一次不遵守这十大守则中任何一条，万劫不复的亏损都可能发生，墨菲定律几乎可以保证，只要你有一次犯规那么就是这一次，市场会严重烧伤你。许多优秀的操作者日进日出，严守这些成律，时时保持警觉，然后突然有那么一次，他们肯定自己是对的时候，而违反其中一条守则，丢下警戒，开始期待，然后就是血流如注，短短几天内赔掉的，可能比一年赚的还多，有许多操作者，只因一次的松懈，便赔掉所有的钱，没有人因遵守这些戒律，把裤子也赔掉的。

六、别去抓头部和底部，让市场把它们抓出来。多数操作者都想抓头部和底部，多少操作者也都赔了钱，理由有二——自负和贪婪，这是种自负的旅程，好让你能告诉朋友，由于你敏锐地研判市场，你在低档买进了黄豆，这全是自负心理在作祟，你曾经有多少次买到最低点，而且真的抱着部位，直到最高点才脱手？为什么不只等反转确立呢？为什么要丢掉确立之前的所有利润呢？这全是贪婪在作祟。你有多少次因为不肯等候而赔了钱？即使你格遵前面的所有守则，但不顾这条守则，你仍然会赔钱。

七、保持弹性。做对的次数愈多就愈容易失去弹性，你连续赚六七笔操作之后，这时你难免洋洋自得，使做法失去弹性，这就是你的大敌（也就是市场）等候你这么做的时候，它会跟你要回以前所赚的钱，外加一点鲜血。永远记住：你所处理的是或然率，而不是绝对值。

八、问问你自己，有些人心理上渴望着赔钱，也有些人只是想找件事做，要认清自己，如果你在市场上操作的真正的理由是想赚钱、想赚一些可以在年底花用的钱，那么迟早你会知道，一个人能不能不能从市场上赚钱，取决于他有没有遵守这十大守则。至于他赚多少钱，则取决于他进场和退场的方法，如果你从里到外问自己这个问题，并仔细倾听答案的话，你将了解这十大守则的价值，你将了解，你不会只因为使用亚当理论或其他任何方法，就可以成为赢家，亚当理论只是给你一个进场的理由，这个理由是市场有很高的几率，往某个特定方向移动一段时间。

九、亏损的地方不要加码或者选择摊平。如果你操作的是赚钱的部位，那么在那个时点你是对的，如果你操作的是赔钱的部位，那么你在那个时点你是错的，如果你错的话，那么唯一的问题是你会错多久，唯一的答案是你会错到部位转为赚钱，或直到止损触发为止，事情就是这么现实。

十、操作不顺时，不妨缩手休息。多数操作者之所以会赔钱，其中一个理由是，不受约束的途径走起来最轻松，当你的财产值刚刚暴跌时，要放手一段时间是件相当难的事，这种时候来临时人们往往会坚守城池，奋战到底，直到反败为胜，然后才休息，立即放手不次于承认失败，而且从头再来时，本钱会少很多，敌人喜欢跟有这种心态的操者这玩游戏，操作者处于劣势，由于操作者受到很大的压力，必须迅速反败为胜，所以他比较难以保持客观的态度，他会冒平常时候自己不肯冒的险，他非常可能舍弃十大守则中的一些守则，不管操作者自己有没有想到，在这种情况下，很难要他缩手、度假、承认失败，但这是极少操作者能赢的理由之一，这也是最难走的路。

第八章　股票价值理论简介

最初提出股票的价格与价值分离的是美国的帕拉特，他在1903年出版的《华尔街的动态》一书中提出，股票价值的经济本质在于股息请求权的影响因素中，诸如股息企业收益、经营者素质以及企业收益能力，其中以前者最为重要，其他的重要因素均属影响股息的间接因素。帕拉特认为，在理论上股票价格与真实价值是一致的，但实际上两者差异颇大。但他认为两者差异的现象并不限于股票，其他财产也有这种情形，只是股票比较特殊而已，因为就价格的形成而言，是由供需因素来决定，不见得就会与真实价值完全一致，而且，除了形成股票价格的主要决定因素内在价值之外，仍有许多其他的影响因素，诸如各种好坏消息、证券市场结构、股市人气、投资气氛等，加上绝大多数对上市公司的生产事业外行的投资人结合成的各种判断，帕氏虽然强调证券市场的分析，但其理论尚缺乏严谨性，不明确之处颇多。

其后，哈布纳在《证券市场》一书将帕氏的论点加以补充，哈布纳以股票价值和价格的关系作为投资的指针，而且利用财务分析来把握股票价值，并强调股票标价格和市场因素与金融的关系，他认为股票价格倾向与其本质的价值一致，就长期的股价变化因素而言，与其本质的价值有关的即为长期预期收益与资本还原率。他认为，“就长期来看，股票价格的变化，主要是依存于财产价值的变化。”此外，哈布纳还致力于证券分析与证券市场分析的结合。

贺斯吾在《股票交易》一书中，则站在证券市场分析的立场，除了区别股票的价值与价格之外，再进一步确认股票的本质价值在于股息，强调股票价格与一般商品价格的根本区别点在于股票价值与市场操作有所歧异。

与帕拉特同时代的莫迪1906年在《华尔街投资的艺术》一书中，则认为普通股的权利重点不仅仅是领取股利权利而已，还要看发行公司负担与支出，诸如公司债息、董事和监事的酬劳、利息支出之后的可分配于股息之纯收益之多少的大小来看，因为大部分上市股票有限公司的收益情况变动幅度大，有时候扣除其他费用之后，企业收益变成亏损的情形也颇为常见。因此，对于普通股的议决权(参加经营权)与公司资产价值的评价，需要加上投机性因素。

莫迪更强调上市公司产业别“质”的考虑，当时的两大产业——铁路与工业股票之中，前者富有安定性、发展性，后者具有较大的投机性，即使两者收益一致，价格也会有所差别，因此，莫迪的著作中更进一步强调了资本还原率和风险因素对股票市场价格的影响。

探讨股票价值本质的，还有埃特曼和戴斯二人，他俩合著了《股票市场》一书，在该书中，作者从历史和法律的观点来探讨股份有限公司制度，从法律上规定股东的权利来把握股票本质，他们指出股东有三个基本权利：（1）参加公司的经营决策权；（2）剩余财产分配权；（3）股利请求权。但是由于现代证券流通市场的发达，中小股东越来越多，大部分的股东都没有参与企业经营的打算，而且以分配剩余财产为目的购买股票的已绝无仅有，从而，购买股票的目的在于领取股息，而分配股息的多少又取决于企业收益，因此，投资人购买股票之际，实际上就是在买进企业现在和将来收益的请求权。

第九章　空中楼阁理论简介

空中楼阁理论的倡导者是约翰·梅纳德·凯恩斯，他认为股票价值虽然在理论上取决于其未来收益，但由于进行长期预期相当困难和不准确，故投资大众应把长期预期划分为一连串的短期预期，而一般大众在预测未来时都遵守一条成规，即除非有特殊理由预测未来会有所改变，否则就假定现状将无定期继续下去。

凯恩斯的空中楼阁理论是技术分析的理论基础，该理论完全抛开了股票的一些内在价值也就是基本面，强调心理构造出来的空中楼阁，当投资者想买入一只股票的时候，是因为他相信有人会以更高的价格从他手中买入这只股票，至于股价可以忽略，重要的是有人愿意出更高的价格从你手中购买该股。我们不需要去看股票的基本面、市盈率这些信息，你要做的就是在别人愿意出更高的价格之前，低价买入，然后再卖给他。股价完全由投资者的心理决定，并非由股票的内在因素决定，股票的价格虽然在理论上取决于它的未来收益，企业挣钱多股价涨，要评估目前和未来，但由于很多不定因素，而且对未来的判定也不会那么准备，所以就产生了短线操作与长线操作了。

还有一种说法就是，当股票抢手的时候，股价就会上涨，很多股民就会去追逐这类股票，股价就会被拉抬上来，但终归，股民对一只股票的兴趣是有限的，不会吊死在一棵树上，也就是当股价已经飙升得很高的时候，很多股民也就会获利出局，导致股价开始下跌。

空中楼阁理论专注于人群的反应，不在乎股票的内在价值，也就是跟势，这就是炒作的价值所在，投资者总是期待下一个投资者以更高的价格购买，如此不断循环。我们操作股票，不是根据我们自己的需要，而是根据他人的行为来做出买卖的决定。这是空中楼阁，换句话说，在股票市场中，大众的偏好很重要，成功的投资者要能判断哪种情形下适宜建筑空中楼阁，哪种股票适宜建筑空中楼阁，并抢先买进。

于是投资者不必为不知道10年以后其投资将值几何而失眠，他只要相信这条成规不被打破，使他常有机会在时间过得不多、现状改变还不太大时就可以修改其判断，变换其投资，则他觉得他的投资在短期间内相当安全，因此在一连串的短期内（不论有多少），其投资也相当安全。一般投资者如此，专业投资者也只好如此，这些专业人士最关心的，不是比常人高出一筹预测某一投资品在其整个寿命中产生的收益如何，而在于比一般大众稍早一些预测在此成规下市场对新的变化有什么反应。

凯恩斯把此种行为比作选美比赛，在报刊上发表一百张美女照片，要求参赛者选出其中最美的六个，并给命中率最高的参赛者颁奖，这与我国电影的百花奖有点类似。在这种竞赛规则下，为了获胜，每一参赛者都不会根据自己的审美标准来评议，而会根据他对别人审美观点的推断来选美，只有这样，参赛者自己才能获奖。所以为了获奖，参赛者都必须服从大众的偏好。

在股票投资中，专业人要想在投资中获利，也必须了解并遵从一般投资大众的思维方式，一项投资对投资者来说值一定的价格，是因为他期望能以更高的价格卖给别人，于是股票投资就成了博傻游戏：每个人购买股票时都不必研究该股票到底值多少钱，或能为其带来多少长期收益，而只关心有没有人愿意以更高的价格向他买进，所以在股市中，每个人在购买股票时都必须且愿意充当暂时的傻瓜，只要他相信会有更傻的人来接替他的傻瓜职务，使其持有的股票能卖出，他就可晋升为聪明人了，这种游戏一直持续下去，像击鼓传花一样，当鼓声一停，最后的一棒就成了真正的傻瓜，此时股价开始下跌，于是傻瓜们又开始了“割肉比赛”。

基于上述分析，凯恩斯认为，“股票价格乃代表股票市场的平均预期，循此成规所得到的股票价格，只是一群无知无识群众的心理之产物，当群体意识骤变时，股价自然就会剧烈波动”。

成功的空中楼阁铸造者或搏傻者认为，

价值投资理论工作量太大，而其价值的估算也很值得怀疑，即使公司收益和股息的未来增长水平及其持续时间能够决定股票的价格，但无论用什么样的公式来计算，也必须部分地依靠不确定的前提，而精确的数字却无法从不确定的数据资料中计算得出。

由此可以看出，价值投资和空中楼阁理论的不足之处都基于同样的一个问题，就是对未来判断的不确定性，未来事件处于无穷无尽的变化之中，成败在于对未来的预测能力，这也便是投资所以引人入胜且令人痴迷的原因所在，无论是价值投资还是空中楼阁都不可能对未来事件做出具有绝对说服力的解释，因而孰高孰低并无实际意义，没有一套理论是万能的，什么时机使用什么理论可能才是问题的关键。

第十章　磐石理论简介

磐石理论（Firm Foundation Theory），也有称稳固基础理论，也许强基理论或者坚基理论更为确切，是一种投资理论，即使用资产估值的方法判断未来投资的方向，该理论认为，每一种投资工具，不论是股票还是房地产，其本身都具有确定的内在价值，当现实价格偏离其自身的内在价值时，就会出现一个买进或卖出的机会，因为这一价格波动最终将被矫正。这样，进行投资就成为某物的实际价格与自身固有价值进行比较的一种单调而易做的事。

在《投资价值理论》一书中，威廉斯提出一个求出股票内在价值的实际公式，威廉斯以股息收入为其方法的基础，力图非常巧妙地使事情不致简单化，他将贴现概念放进这一方法，贴现基本上就是从未来到现在的反向考察收入，不是查看明年你将得到多少钱（比如说 1.05 美元的收益是你按 5% 的利率将 1 美元存入某一储蓄银行），而是考察一下未来可得的钱并查看一下它现在值多少（即明年的 1 美元今天只值约 95 美分，可按 5% 的收益率投资，到那时就获得 1 美元）。

实际上，威廉斯对此是认真对待的，他继续论证，一种股票的内在价值等于其未来的全部股息的现在值（或贴现值），于是他向投资者建议对日后获得的钱款价值应进行贴现，由于多数人不理解这个术语，于是它就流行了起来，现在贴现已在投资者间被广泛使用，特别在杰出的经济学家和投资家耶鲁大学的欧文。在费雪教授的支持下，这一概念受到了进一步的推崇。

磐石理论的逻辑是相当不错的，用普通股股票可以做出最好的说明，该理论强调指出一种股票的价值应根据一家公司将来能以股息形式所发放的收益的总和，显然，现时股息及其递增率越大，该股票的价值就越高，这是合乎情理的。由此，收益增长率的差异就成为股票估价的一个主要因素，于是悄悄地进行考虑的是需小心对待的次要因素，即对未来的预期。证券分析家不仅必须估计长期增长率，而且还必须预测某一大幅度增长能保持多久，当股票市场过分热衷于增长能持续到什么程度时，华尔街人士即普遍认为股票不仅是对将来而且也是对将来的将来贴现，问题在于这种理论所依赖的，是对未来增长程度及其持续时间做出的某些不可靠的预测，所以，内在价值的基础就不像所声称的那样可靠了。

磐石理论并不只限于经济学家运用，由于格雷厄姆和多德的一本很有影响的著作《证券分析》的出现，整整一代华尔街分析家变成了这一理论的信徒，而开业分析家所学到的正确的投资管理只不过是购买那些其价格暂时低于内在价值的证券和出售那些其价格暂时很高的证券，就此而已。当然，求出内在价值的说明是现成的，并且任何一个胜任的分析家只需用计算器或小型计算机的几个开关就可将其计算出来。

第十一章　随机漫步理论简介

随机漫步理论认为，证券价格的波动是随机的，像一个在广场上行走的人一样，价格的下一步将走向哪里，是没有规律的，在证券市场中，价格的走向受到多方面因素的影响，一件不起眼的小事也可能对市场产生巨大的影响，从长时间的价格走势图上也可以看出，价格的上下起伏的机会差不多是均等的。

随机漫步理论指出，股票市场内有成千上万的精明人士，并非全部都是愚昧的人，每一个人都懂得分析，而且资料流入市场全部都是公开的，所有人都可以知道，并无什么秘密可言，既然你知我也知，股票现在的价格就已经反映了供求关系，或者本身价值不会太远，所谓内在价值的衡量方法就是看每股资产值、市盈率、派息率等基本因素来决定，这些因素亦非什么大秘密，每一个人打开报章或杂志都可以找到这些资，如果一只股票资产值十元，断不会在市场变到值一百元或者一元，市场不会有人出一百元买入这只股票或以一元沽出，现时股票的市价根本已经代表了千万醒目人士的看法，构成了一个合理价位，市价会围绕着内在价值而上下波动，这些波动却是随意而没有任何轨迹可寻。

做成波动的原因是：

一、新的经济、政治新闻消息是随意，并无固定地流入市场。

二、这些消息使基本分析人士重新估计股票的价值而做出买卖方针，致使股票发生新变化。

三、因为这些消息无迹可寻，是突然而来，事前并无人能够预告估计，股票走势推测这回事并不可以成立，图表派所说的只是一派胡言。

四、既然所有股价在市场上的价钱已经反映其基本价值，这个价值是公平的由买卖双方决定，这个价值就不会再出现变动，除非突发消息如战争、收购、合并、加息减息、石油战等利好或利淡等消息出现才会再次波动，但下一次的消息是利好或利淡大家都不知道，所以股票现时是没有记忆系统的，昨日升并不代表今日升，今日跌，明日可以升也可以跌，每日与另一日之间的升跌并无相关，就好像掷铜板一样，今次掷出是正面，并不代表下一次掷出的又是正面，下一次所掷出的是正面，或反面各占机会率50%，亦没有人会知道下一次会一定是下面或反面。

五、既然股价是没有记忆系统的，企图用股价波动找出一个原理去战胜市场，赢得大市，全部肯定失败，因为股票价格完全没有方向，随机漫步，乱涨乱跌，我们无法预知股市去向，无人肯定一定是赢家，亦无人一定会输，至于股票专家的作用其实不大，甚至可以说全无意义，因为他们是那么专长的话，就一定自己用这些理论致富，哪里会公布研究使其他人发达。

全世界的股票指数走势图本身就批驳了随机漫步理论，道指从趋势看从它诞生起到现在是上涨的，尽管它不是沿着一个直线上升，但它的趋势是上涨的，而不是没有规律的乱撞，日经指数从 70 年代初的 2000 多点，用了 20 年的时间涨到了 39000 点是随机漫步理论无法解释的，日本股市在这段时期具有明显趋势运动而非随机漫步式的运动，可见股市的运动具有一定的规律而不是在随机漫步。

第十二章　醉步理论简介

醉步理论的创始人美国学者库特诺教授曾在1962年提出过一份研究报告，他根据45种股票，以一周为间隔，发现股价确为醉步状态移动，他还把参与股票交易的人分为两大类：一类是专业者，另一类是非专业者。前者是一些了解市场情况的少数专家，他们从可靠的基本研究中了解股票的内在价值，并对股票价格的波动趋势做出较为准确的预测。后者是一些无法正确地掌握股票的真正价值，缺乏足够资料的天真投资者，由于专业者了解股票的内在价值，善于细心地观察股票价格的变动情况，因此，当股票价格远离其内在价值时，他们进入市场通过买进或卖出股票，从价格和其内在价值之间的差额中赚取利润。而非专业者由于买卖股票的盲目性，经常以较高的价格买进股票，而是以较低的价格卖出股票，结果使股票市场价格上下波动。专业投资者则以获利的目的出发，其行动结果总是把价格拉向价值中心，抵消了股价的过度波动。

随后，美国芝加哥大学莫尔以纽约证券市场交易所33种上市股票为样本，发现以周为间隔的股价也呈醉步运动。

1965年，芝加哥大学的法麦对道·琼斯30种工业股票价格平均数进行分析，结果表明，无论是以每日，还是以每周为间隔，在长达5—7年的时间内，股价移动都无轨迹可寻，从此醉步理论得到重视。

醉步理论认为，股价的现时变动，既非昨日股价变动的结果，也不能预示明天股价是上涨或下跌，这种变动好像酒徒的醉步，摇摆不定，第一步可能向西，第二步可能向东，而第三步或者会倒退。因此，这种理论被命名为醉步理论，以强调对股票价格的变动是不能凭借什么规律进行预测的。

醉步理论虽然认为股价运动的历史轨迹不能用作预测未来股价变动的根据，但其并不否定利用其他历史性资料作为预测未来价格变动的有效性。而且，从醉步理论对股票价格波动的解释来看，其认为证券价格是围绕其理论价值而上下波动的。也就是说，股价的醉步型运动轨迹正是股票价格向其价值中心调整的反映。因此，醉步理论给人们的启示是，当股价偏离其内在价值过大时，投资者可从容地进行买入和卖出的决策，如果股价大大偏高于股票的内在价值，投资者可适时卖出，反之则买入。

第十三章　信心股价理论简介

信心股价理论，是基于市场心态的观点去分析股价，由于传统股价理论过于机械性地重视影响公司盈余，而并不能解释在多变的股市中股价涨跌的全盘因素，尤其当一些突发性因素导致股价应涨不涨，反而下跌，或应跌不跌，反而上升，此种现象，更使传统的股价理论变得矛盾。因此信心股价理论强调，股票市场由心理或信心因素影响股价。

根据信心理论，促成市场股价变动的因素，是市场对于未来的股票价格、公司盈利与股票投放比率等条件所产生信心的强弱，投资者若对于股市基本情况乐观，信心越强，就必然以买入股票来表现其心态，股价因而上升，倘若资金本身过于乐观时，可能漠视股票超越了合理正常价格水平而盲目大量买入，使股票价格上涨至不合情理的价位水平。

相反，投资人士若对股票市场基本情况表示悲观时，信心转低落，将抛出手中的股票，股价因此而下跌，倘若投资人士心理过度悲观，以致不顾正常股票价格、公司盈余与股息水平而大量抛售股票，则可导致股票价格被抛低至不合理水平。就因为投资人信心的强弱，而产生了各种不同的情况，有时甚至与上市公司营运状况，以及获利能力等基本因素完全脱节，使股价狂升暴跌的原因就在这里。

实际上，股价信心理论也是一种技术分析方法，它强调投资者的心理因素或投资信心是影响股价变化的重要原因，根据股价信心理论，市场股价变动的原因，是由于市场中的投资者对于如公司未来的经营、盈利能力、成长潜力以及市场中该股票交易中的供求关系等各种影响综合作用的结果，对于相关因素的信心强弱发生改变，必然相应地引起股价的变化。一般而言，如果投资者对于市场的基本情况趋向乐观，则信心就越强，因此也必然会以不断买入股票或者买入后一直持有来表现其乐观的心态，从而造成股价上涨。

短时间内上市公司的基本面情况不可能出现明显的本质性改变，但股价涨跌却无常，其原因就是因为投资者投资信心的变化而产生了各种不同的情况，有时甚至与上市公司的营运状况以及获利能力等基本因素完全脱节，股价狂升暴跌的原因就在于此。

第十四章 尾市理论简介

尾市理论，金融学术语，是根据临收市前的一段时间的分时图走势运行情况来决定是否买卖，特别适合短线投资者。在接近收盘时，多空双方经过了一天的角逐，可能在尾市决定胜负，因此尾市的走势是一天中最重要的时候，如多方占优，跟风盘会趁机杀入，若空方胜利，投资者就会出局，尾市的时间在 14:00 到 15:00 之间，特别是 14:30 的时候，更是关键时刻。尾市理论是根据市场的规律去推测市场最短期的走势，特别是股票和期货市场取消 T + 0 制度后更显出此理论的实践意义。

尾市理论主要依据下述理由操作：

一、如果有一日临收市之前一段时间，突然有好消息传入期市或股市，这些利好消息将会刺激购买意欲。但已临近收市，买方全力买入也买不到多少，一到收市就要等到明日开市才可以再入市购买。

二、第二天一开市，昨天尾市意犹未尽的购买欲，将会体现于一开市就上升。因为大家唯恐踏空，昨日买不到，今早一开市要买一些。短线市场笼罩着利好消息和乐观气氛，所以往往昨天尾市扫货收场，今朝一开市多数亦会出现高开继续扫货现象。

三、相反，如果有一日尾市有一些坏消息，以至于人心惶惶，个个争先恐后，你沽我也沽，互相践踏，但时不与我，鸣铃收市，沽不出货的明日请早。

四、这些恐惧的心理会持续，第二天一早开市，大都会是低开，一开盘就能见到沽货镜头，大家唯恐手中头寸沽不出去会越跌越凶，所以争着做第一，沽货都要第一，快人一步在相对高价沽出，以免落在人后，加重损失。即是说，今日尾市有利空消息，预期第二天开市是跌市就十拿九稳。

尾市理论告诉我们，今日尾市有消息，效应会延续到第二日一早，这是一个十分合乎逻辑的推论，这个理论的准确性程度也十分高，是一个炒超短线股票的可取策略。如果今日尾市有消息，理论就指示应该立即采取行动，买卖期货或者股票。今日尾市采取行动，譬如在尾市好消息之下买入，明日在利好消息仍然发生效应之下，趁高开之机，立即平仓，获利不菲。

当然世事并非一成不变，尾市利好消息，使尾市狂升，如果收市之后证实是流言，明日可能股市期市会面目全非，但只要持之以恒，长期运用尾市理论，赢面是肯定的。

不过一定要记住，千万不要太贪，如果昨日尾市升时你入货，今日高开，根据理论就立即要获利回吐，不要希望市势不断上扬，因为到今日尾市又可能有坏消息流入市场。用这个理论只做隔夜市，无论赚或蚀都要平仓了断，否则一旦看错，死不认错可能越错越深，不赚反蚀，而且越蚀越心寒，或者当你有钱赚时又希望能赚更多，市势却突然转变，原本可以赚钱变成亏本，浪费机会时间，如果你要做一些中长线买卖，就应该参考其他理论。

第十五章　长期好友理论简介

这一理论是由凯恩斯提出来的，用中国股市的一句话来说就是死多头理论。凯恩斯认为，世界经济只会越来越繁荣，一路向前而不会倒退，人们生活水平总体趋势向上，物价指数亦会越来越高，各种商品价格随着时间推移总体是越涨越高。从实践来看，凯恩斯的理论确实已经被世界各国经济实践所证实。

对股市远景看好，买进股票长期持有以获取长期上涨的利益的叫长多；认为股市短期内看好而买进股票，短期保持后即卖掉，获取少许利益，等下次再出现利多时再买进的称为短多；对股市前景总是看好而买进股票，不论股市如何下跌都不愿抛出的股民叫做死多。

按照凯恩斯的经济不断繁荣理论，各种商品价格将会一年比一年高，经济形势总体向好的方向发展，结果将使股市的趋势保持向上，股价指数的总体趋势不断走高。虽然中间会出现市价反复，但就长远而言，长线投资应该以压倒性姿态取胜，低位时吸纳，长期持股则赢利将会是很大的。从长远时间而言，看多者的赢面大于看空者也是应该可以预期的。

在所有的股票理论中，最基本的理论就是长期好友理论，该理论的关键是时间，时间就犹如和面的酵母，常常会把一个非常简单的投资行为酿成一个非凡奇迹。有人计算过美国股市从1925—1995年这70年中的增值情况，其结果是：70年通货膨胀率是8倍，国债增值率是34倍，而股票价格却涨幅巨大，大盘股达1113倍，小盘股达到3822倍。因此，台湾地区著名投资理财专家黄培源认为，股票从长线而言确实能稳定获利，买股票不是一件伤脑筋的事，只要坚持“随便买，随时买，不要卖”的原则，以“随便买，随时买”分散投资风险，通过“不要卖”，靠时间累积财富，则人人都可以成为亿万富翁。黄培源还特别提醒理财者，投资切记“不要研究”、“不要相信分析师或技术分析”、“更不要进出赚差价”，用轻松的心情，以时间换取财富。只要股票不太烂，价格不过高，买进！然后耐心持有，通常是最简单而最有效的投资方法。唯一例外的情形是，当投资地区的经济出现负增长时，银行存款反而是理财的最佳去处。

投资股票是需要时间和耐心的，许多股票所以不涨，一个很重要的原因是时间未到，有些是缺少主力庄家，而被人遗忘忽视；有些是不符合当前的市场热点；有些是价格还没有真正调整到位；有些是盘整的时间还不够长。一旦各方面条件具备，通常只要有少量的催化剂就会涨起来，一些过去的烂股票和冷门股会突然成为耀眼的明星，在短期内上涨几倍甚至10倍以上，这些现象无不隐含着凯恩斯的好友理论。所谓“绩优股价值回归”、“资产重组题材”仅是一种催化剂，它反映出来的实际是股市能量的转换和平衡规律，是凯恩斯经济理论在个股中的现实具体表现。

第十六章 相反理论简介

相反理论的基本要点是投资买卖的决定全部基于大众的行为，它指出不论股市还是期货市场，当所有人都看好时，就是牛市开始到顶，当人人看淡时，熊市已经见底，只要你和大众的意见相反，致富的机会永远存在。

相反理论并非只是大部分人看好时我们就要看淡，或大众看淡时我们便要看好，相反理论会考虑这些看好看淡比例的趋势，这是一个动概念。

相反理论并不是说大众一定是错的，大众通常都在主要趋势上看得对，大部分人看好，市势会因这些看好情绪变成实质购买力而上升，这个现象有可能维持很久，直至到所有人看好情绪趋于一致时，市势会发生质的变化——供求的失衡，培利尔说过：当每一个人都有相同想法时，每一个人都错。

相反理论从实际市场研究中，发现赚大钱的人只占5%，95%都是输家，要做赢家只可以和大众思路相背，切不可以同流。

相反理论的论据就是在市场行情将转势，由牛市转入熊市前一刻，每一个人都看好，都会觉得价位会再上升，无止境的升，大家都有这个共识时候，大家会尽量买入了，升势消耗了买家的购买力，直到想买入的人都已经买入了，而后来资金，却无以为继，牛市就会在大家所有人看好声中完结。相反，在熊市转入牛市时，就是市场一片淡风，所有看淡的人士都想沽货，直到他们全部都了货，市场已经再无看淡的人采取行动，市场就会在所有人都沽货的时候见到了谷底。

在牛市最疯狂，但行将死亡之前，大众媒介如报章、电视、杂志等都反映了普通大众的意见，尽量宣传市场的看好情绪。人人热情高涨时，就是市场暴跌的先兆。相反，大众媒介懒得去报导市场消息，市场已经没有人去理会，报章新闻，全部都是市场坏消息时，就是市场黎明的前一刻，最沉寂、最黑暗时候，曙光就在前面。大众媒介永远都采取群众路线，所以和相反理论原则刚刚违背，这反而做成相反理论借鉴的资料，大众媒介全面看好，就要看淡，大众媒介看淡反而是入市时机。

相反理论提醒投资者应该深思熟虑，不要被他人所影响，要自己去判断；要敢于向传统智慧挑战，大众所想所做未必是对的，即使投资专家所说的，也要用怀疑态度去看待处理；事物的发展，不一定同表面一样，你想象市升就一定市升，要高瞻远瞩，看得远，看得深，才会是胜利；一定要控制个人情绪，恐惧贪婪都是成事不足，败事有余，周围环境的人，他们的情绪会影响到你，你反而因此要加倍冷静，其他人恐惧大市已经无得玩，有可能这才是时机来临，在一窝蜂的争着在市场买入期货和股票时，你要考虑市势是否很快就会见顶而转入熊市；当事实摆在眼前和希望并非相符时，勇于承认错误，因为投资者都是普通人，普通人总不免会发生错误，只要肯认输，接受失败的现实，不作自欺欺人，将自己从普通大众中提升为有独到眼光见解的人，才可改变自己为成功人物。

第十七章 趋势理论简介

趋势理论是指一旦市场形成了下降（或上升）的趋势后，就将沿着下降（或上升）的方向运行。

最主要的是股价运动的基本趋势，即股价广泛或全面性上升或下降的变动情形，这种变动持续的时间通常为一年或一年以上，股价总升（降）的幅度超过20%。对投资者来说，基本趋势持续上升就形成了多头市场，持续下降就形成了空头市场。

股价运动的第二种趋势被称为股价的次级趋势，因为次级趋势经常与基本趋势的运动方向相反，并对其产生一定的牵制作用，因而也称为股价的修正趋势，这种趋势持续的时间从3周至数月不等，其股价上升或下降的幅度一般为股价基本趋势的1/3或2/3。

股价运动的第三种趋势被称为短期趋势，

它反映了股价在几天之内的变动情况，修正趋势通常由3个或3个以上的短期趋势所组成。

在三种趋势中，长期投资者最关心的是股价的基本趋势，其目的是想尽可能地在多头市场上买入股票，而在空头市场形成前及时地卖出股票。投机者则对股价的修正趋势比较感兴趣，他们的目的是想从中获取短期的利润。短期趋势的重要性较小，且易受人为操纵，因而不便作为趋势分析的对象。

趋势线的含义：在变化莫测的股海中沉浮日久之人，可能会产生某种幻想，诸如梦中得遇仙人指路——日后的股市走势就像沿着仙人所指的方向发展，这当然是无稽之谈，不过趋势线倒是一种研究可能出现趋向的分析方法，而且其重要性也已在股市几个转折点上体现出来。趋势线是用画线的方法将低点或高点相连，利用已经发生的事例，推测次日大致走向的一种图形分析方法，我们发现在各种股价图形中，若处于上升趋势，股价波动必是向上发展，即使是出现回挡也不影响其总体的涨势，如果把上升趋势中间回挡低点分别用直线相连，这些低点大多在这根线上，我们把连接各波动低点的直线称为上升趋势线。相反，若处于下降趋势，股价波动必定向下发展，即使出现反弹也不影响其总体的跌势，把各个反弹的高点相连，我们会惊奇地发现它们也在一根直线上，我们把这根线称为下降趋势线。正确地划出趋势线，人们就可以大致了解股价的未来发展方向，按所依据波动的时间长短不同，便出现三种趋势线：短期趋势线（连接各短期波动点）、中期趋势线（连接各中期波动点）、长期趋势线（连接各长期波动点）。

市场表现：我们可用投资者心理活动进行分析，在股价上升时，市场一片看好，大家都在等回挡时买进，心理价位逐步提高，在回落到前一低点之前，强烈的买气阻止了股价下跌而回升，使股价波动低点逐步提高，这种上涨的心理造成了上升趋势；当股价下跌时，人们一片看坏，投资者均等待反弹时出货，心理价位逐步下移，在回升到前一点高点之前，已经有大量筹码等待卖出，使股价逐波回落形成下降趋势。

研判要点：上升趋势线由各波动低点连

成，下降趋势线由各波动高点连成；上升趋势线是股价回挡的支撑点，当上升趋势线被跌破时，形成出货信号，下降趋势线是股价反弹的阻力位，一旦下降趋势线穿破，形成进货信号；无论向上突破还是向下突破，均以超过3%方为有效突破，否则为假突破；向上突破须佐以成交量放大，而向下突破无需量的配合，但确认有效后成交量方会增大；如果突破以缺口形式出现的话，则突破将是强劲有力的；在上升或下降趋势的末期，股价会出现加速上升或加速下跌的现象，所以，市况反转时的顶点成底部，一般均远离趋势线，在此建议投资者在画线分析时，可划出不同的试验性趋势线，不但较小的波动可用直线划出，较长的波动也可用直尺画线。用一把直尺放在不同股价趋势图上，我们便会惊奇地发现，股价上升是由一连串的波纹组成，这些波纹的底部形成一条上倾的直线，下跌也是由一连串的波纹组成，它们的顶部形成了一根下倾的直线，另外还可从趋势线的发展角度的陡与缓，判别股价变化的速度，当趋势线成为水平线时，则警惕一次转折的来临。

第十八章　股市成长阶段论和周期循环论简介

证券市场发展的道路不完全一样，但一般都要经历以下五个阶段：

一、休眠阶段：此阶段了解证券市场的人并不多，股票公开上市的公司也少，但过了很长一段时间，投资者发现，即便不算潜在的资本增值，获得的股利都超过其它投资形式得到的收益，于是他们就买进股票，但开始还是小心谨慎。

二、操纵阶段：一些证券经纪商和交易商发现，由于股票不多，流动性有限，只要买进一小部分股票就能哄抬价格，只要价格持续高涨，就会吸引其他人购买，这时操纵者抛售股票就能获取暴利，因此，他们开始哄压市价，操纵市场，获取暴利。

三、投资阶段：有些人通过买卖股票得到了大量的资本增值，不管是已经实现的或者还只是账面上的，这些暴利的示范作用都会吸引更多的人加入投机行列，投机阶段就开始了，股票价格大大超过实际的价值，交易量扶摇直上，新发行的股票往往被超额急购，吸引了许多公司都来发行股票，原来惜售的持股者也出售股票以获利，于是扩大了上市股票的供应。

四、崩溃阶段：到一定时机，用来投机的资金来源会枯竭，认购新发行股票越来越少，而越来越多的投资者头脑冷静下来，开始认识到股票的价格被抬得太高了，与本来的价值脱节得太厉害，这时只要外界一有风吹草动，股价就会动摇，然后价格开始下降。

五、成熟阶段：在股市下跌之后，需要几个月甚至几年的时间使公众对股票市场重新恢复信心，这个时间的长短视价格跌落的幅度，购买新股票的刺激，机构投资者的行为等因素而定，跌市使有这些人亏了大本，他们只留着作长期投资，寄希望于将来价格的回升，一些私人投资者变得谨慎了，一些没有经历过崩溃阶段的新的投资者加入进来，机构投资者的队伍也扩大了，此阶段股票供应增加，流动性更大，投资者更有经验，交易量更稳定，虽然股票价格还是会波动，但不像以前那样激烈了，而是随着经济和企业的发展上下波动。

循环性周期可分为下述几个阶段：

一、低迷期：行情屡创低价，投资意愿甚低，一般市场人士对于远景大多持悲观的看法，不论主力或中散户都是亏损累累。做短线交易不易获利时，部分中散户暂时停止买卖，以待股市反弹时再予低价套现，没有耐性的投资人在失望之余，纷纷认赔抛出手中的股票，退出市场观望。低迷期为真正具有实力的大户默默进货的时候，少数较具长期投资眼光的精明投资者多在此时按计划买入，该期盘旋整理的时间越久，表示筹码换手的整理越彻底，而此期的成交量往往最低。

二、青年涨升期：此时的景气尚未好，但由于前段低迷期的长期盘跌已久，股价大多已经跌至不合理的低价，市场浮股也已大为减少，在此时买进的人因成本极低再跌有限，大多不轻易卖出，而高价套牢未卖的人，因亏损已多，也不再追价求售，市场卖压大为减轻，此时的成交量大多呈现着不规则的递增状态，平均成交量比低迷时期多出一半以上，少数领导股的价格大幅上涨，多数股价呈现着坚挺局面，冷门股票也已略有成交并蠢蠢欲动，大部分内行人及准内行人开始较积极地买进股票进行短线操作，但也有不少自认精明的人士及尝到末跌段做空小甜头的投资者，仍予卖出套现，该期多数股票上涨的速度虽嫌缓慢，但却是真正可买进作长期投资的时候，即为一般所称的初升段。

三、反动期：即多头市场的回档期，股价在初升段的末期，由于不少股票已持续涨升，经过长期空头市场亏损的投资者，在好不容易略有获利之余，由获利了结转为观望，而未及搭上车的有心人，以及抱股甚多的主力大户，为求摆脱坐车浮额，大多趁着投资大众的信心尚未稳定之际，乃以转账冲销或掼压甚多，而多数股价在盘软之余，市场上大户出货的传言特别多，此时空头又再呈活跃，但股价下跌至某一程度时，即让人有着跌不下去的感觉，反动期是大户真正进货的时期，也是真正买卖股票的精明投资人所乐于大量介入投资的时期，但该期真正到来时，中散户的两手大多空空，甚至有少数在低迷期尝到作空小甜头的散户们，还有融券尚未补回的。

四、壮年涨升期：即为一般所称的主升段，由于景气亦已步入繁荣阶段，发行公司有盈余大增，此时大户手上的股票特别多，市场的浮动筹码已大量的减少，有心人利用各种利多消息将股价持续拉高，甚至于重复的利多消息一再公布，炒冷饭也在所不惜，该期反应在股票市场的是人头攒动到处客满，由于股价节节上涨，不管内行外行，只要买进股票便能获利，做空头的信心已经动摇，并逐渐由空翻多，形成抢购的风潮，而股价会在此种越涨越抢，越抢越涨的循环中，甚至形成全面暴涨的局面，市场充满着一片欢笑声，从来不知道股票为何物的外行人，在时常听到“股票赚了多少”的鼓动下，也开始产生兴趣，买进几张试试。该阶段的特性，大多为成交量持续大量的增加，发行公司趁着此时大量增资扩股及推出新股，上涨的股票也逐渐地由强势股延伸到冷门股票，冷门股票并又逐渐转势而列居于热门榜中，“轮动”的风气特盛，有心大户的动态到处可闻，此期为有心大户操作甚久之后，逐渐获利了结的时期，他们所卖的虽非最高价，但结算获利已不少，精明的投资人也趁此机会了结观望，只有中散户被乐观气氛冲昏了头而越买越多。

五、老年涨升期：即一般所称的末升段，此时景气十分繁荣，发行公司的盈余均为大增，反映在证券市场上的，除了人气一片沸腾之外，新股亦为大量发行，而上涨的股票多为以前少有成交的冷门股，原为热门的股票反而开始有着步履沉重的感觉。该期的成交量常破纪录地暴增，暴涨暴跌的现象屡有可见，投资大众手中大多拥有股票，以期待着股价的进一步上升，但是股价的涨升却显得步履蹒跚，而反映在成交量上面的，常是股价上升但成交量减少，股价下跌但成交量反而增加，该阶段行情的操作犹如刀口舔血，如果短线操作成功的话会大有斩获，但是一般投资人大多在此阶段惨遭亏损，甚至落得倾家荡产的局面。

六、下跌幼年期：即为K线理论上的渐落期，也称初跌期，由于多数股价都已偏高，欲涨乏力的结果，不少投资人于较难获利之余已开始反省，此时大主力多头均已出货不少，精明的投资人见利渐少，套得饱饱的中散户们心里虽然产生犹豫，但还是期望着行情仅是回档，期待着另一段涨升的到来，甚至买进摊平的实例也到处可见，只有冷门股已开始大幅下跌，此为该段行情的重要指标之一。

七、中间反弹期：即称新多头进场或术语上所称的逃命期，该期由于成交量的暴减，再加上部分浮额的赔本抛售，使得多数股价的跌幅已深，高价卖出者和企图摊平高档套牢的多头们相继进场，企图挽回市场的颓势，加上部分短空的补货，使得股价止跌而转向坚挺，但由于反弹后抢高价者已具戒心，再加上部分短线者的获利回吐，使得股价欲涨乏力，于弹升之后又再度滑落，少数精明的投资人纷纷趁此机会将手上的股票卖出以求逃命，而部分空头趁此机会介入卖出。

八、下跌的壮年期：一般称为主跌段行情，此时大部分股价的跌幅渐深，利空消息满天飞，股价下跌的速度甚快，甚至有连续几个停板都卖不掉的，以前套牢持股不卖的人信心也已动摇，成交量逐渐缩小，不少多头于失望之余纷纷卖光股票退出市场，而做多的中散户也已逐渐试着做点小空。

九、下跌的老年期：即称末跌段，有以沉衰期称之，此时股价跌幅已深，高价套牢要卖的已经卖光了，未卖的也因赔得太多而宁愿抱股等待，该阶段的成交量很少是其特色之一，股价的跌幅已经缩小，散户浮空到处可见，多数股票只要一笔买进较多股票的话，便可涨上好几档，但不再有支撑续进的话，不久则又将回跌还原，股市投资大众手上大多已无股票，真真有眼光的投资人及大户们，往往利用此期大量买进。

第十九章　移动平均线战术

移动平均线是由著名的美国投资专家格兰威尔于20世纪中期提出来的，是当今应用最普遍的技术指标之一，它帮助交易者确认现有趋势、判断将出现的趋势、发现过度延伸即将反转的趋势。

移动平均线（MA）是以道·琼斯的平均成本概念为理论基础，采用统计学中移动平均的原理，将一段时期内的股票价格平均值连成曲线，用来显示股价的历史波动情况，进而反映股价指数未来发展趋势的技术分析方法，它是道氏理论的形象化表述。

所谓移动平均，首先是算术平均，如1到10十个数字，其平均数便是5.5，而移动则意味着这十个数字的变动，假如第一组是1到10，第二组变动成2到11，第三组又变为3到12，那么这三组平均数各不相同，而这些不同的平均数的集合，便统称为移动平均数，再进一步就是加权平均，加权的原因是赋予对未来价格波动影响大的价格以较大的权值，加权方式分为四种：

1、末日加权移动平均线：MA（N）=(C1+C2+……+Cn×2)/(n+1)

2、线性加权移动平均线：MA=(C1×1+C2×2+……+Cn×n)/(1+2+...+n)

3、梯型加权移动平均线(以5日为例)：MA=(第1日收盘价+第2日收盘价)×1+(第2日收盘价+第3日收盘价)×2+(第3日收盘价+第4日收盘价)×3+(第4日收盘价+第5日收盘价)×4]/(2×1+2×2+2×3+2×4)

4、平方系数加权移动平均线(以5日为例)：MA=(第1日收盘价 ×1×1)+(第2日收盘价 ×2×2)+(第3日收盘价 ×3×3)+(第4日收盘价 ×4×4)+(第5日收盘价 ×5×5)]/(1×1+2×2+3×3+4×4+5×5)

周期的划分：短期移动平均线一般以五天或十天为计算期间，代表一周的平均价，可作为短线进出的依据；中期移动平均线大多以三十日为准，称为月移动平均线，代

表一个月的平均价或成本，也有扣除四个星期日以二十六天作为月移动平均线，另有七十二日移动平均线，俗称季线；长期移动平均线采用一百二十天或二百四十天，在欧美股市技术分析中所采用的长期移动平均线多为二百天，是超级大户与做手操作股票时参考的重要指。

移动平均线的基本特点是具有价格趋势性、一定的稳定性、滞后性、助涨助跌性、支撑线和压力线的特性，他最基本的作用是消除偶然因素的影响，另外还稍微有一点平均成本价格的含义。

总体来说，均线周期越短，越敏感，稳定性越差；周期越长，越稳定，也越滞后。

还有一个关键问题就是用什么价格的问题，目前多采用收盘价，我倒主张用每日均价，收盘价今天是站住了，但是不能代表明天也能站住，而每日均价更能代表每日的交易价格，而且要比收盘价来得平缓，我们要的不是股价站到了什么位置，而是曾经有过什么价位，虽然二者的差别不会很大。把当日均线表现在K图上，当天、昨天、前天三日均价更贴近于现实，动态看市。

在K线图中，一般白线、黄线、紫线、绿线、蓝线依次分别表示5、10、20、30、60日移动平均线，但这并不是固定的，会根据设置的不同而不同，比如你在系统里把它们设为5、15、30、60均线，看K线图的上方有白色PMA5=几的字样，就是五日均线等于几的意思，其他的有紫色的20日均线PMA20=什么的，设定的话双击数字就行，数字是几就是几日均线，颜色和线的颜色一样。

每个人可以根据自己的喜好选择某日均线作为自己的作战线，根据线型的走势决定自己的操作方向，我个人偏好5日均线和10日均线，即在5日均线上穿10日均线时买入，在5日均线下穿10日均线时卖出，这种操作可能会很频繁，会有盈利抵不过操作成本的现象。另外，3日均线穿越5日均线也值得研究，用收盘价不如用收盘时的日均价。

有观点认为，在上升行情初期，短期移动平均线从下向上突破中长期移动平均线形成黄金交叉，5日均线上穿10日均线形成的交叉和10日均线上穿30日均线形成的交叉均为黄金交叉；当短期移动平均线向下跌破中长期移动平均线形成的交叉叫做死亡交叉，预示股价将下跌，5 日均线下穿 10 日均线形成的交叉和 10 日均线下穿 30 日均线形成的交叉均为死亡交叉。不是所有的黄金交叉和死亡交叉都是买卖点，原因是庄家有时会进行骗线，尤其是在上升途中或者下跌途中，庄家可能会进行震荡洗盘或震荡出货，此时的黄金交叉和死亡交叉所指示的买卖点是非常不可靠的，投资者应该小心。

在上升行情进入稳定期，5 日、10 日、30 日移动平均线从上而下依次顺序排列，向右上方移动，称为多头排列，预示股价将大幅上涨。

在下跌行情中，5 日、10 日、30 日移动平均线自下而上依次顺序排列，向右下方移动，称为空头排列，预示股价将大幅下跌。

在上升行情中股价位于移动平均线之上，走多头排列的均线可视为多方的防线，当股价回档至移动平均线附近，各条移动平均线依次产生支撑力量，买盘入场推动股价再度上升，这就是移动平均线的助涨作用。

在下跌行情中，股价在移动平均线的下方，呈空头排列的移动平均线可以视为空方的防线，当股价反弹到移动平均线附近时，便会遇到阻力，卖盘涌出，促使股价进一步下跌，这就是移动平均线的助跌作用。

移动平均线由上升转为下降出现最高点，和由下降转为上升出现最低点时，是移动平均线的转折点，预示股价走势将发生反转。

当移动平均线在底部出现双底形态或三重底形态，就是最佳买入时机；而当移动平均线在顶部出现双顶形态或三重顶形态，就是最佳卖出时机。

移动平均线运行一段时间后，会出现波峰和波谷，这就是转点，移动平均线的转点非常重要，它通常预示着趋势的转变，当一种移动平均线向上运行，无法再创新高，并显示波峰状，即是股价无力创新高并可能转变趋势下行的征兆，这种转点通常又称为卖点；在下跌过程中，移动平均线向上运行，曲线转平并调头时，波谷就出现了，即人们所说的买点。

当10日移动平均线由上升移动而向右下

方反折下移时，30日移动平均线却仍向右下方移动，表示此段下跌是多头市场的技术性回档，涨势并未结束；如果30日移动平均线也跟随10日移动平均线向右下方反折下跌，而60日移动平均线仍然向右下方移动，表示此波段回档较深，宜采取出局观望为主；如果60日移动平均线也跟随10日、30日移动平均线向右下方反转而下跌，表示多头市场结束，空头市场来临。

盘整时，5日、10日、30日移动平均线会纠缠在一起，如盘局时间延长，60日移动平均线也会与之粘合在一起。

大势处于盘局时，如5日、10日移动平均线向右上方突破上升，则后市必然盘高；如5日、10日移动平均线向右下方下行，则后市必然盘跌。

在空头市场中，如股价向上突破5日、10日移动平均线并站稳，是股价在空头市场中反弹的征兆；如股价向上突破5日、10日移动平均线后又站上30日移动平均线，且10日与30日移动平均线形成黄金交，则反弹势将转强，后市有一定上升空间；如果股价先后向上突破了 5 日、10 日、30 日移动平均线，又突破了 60 日移动平均线，则后市会有一波强力反弹的中级行情，甚至空头市场就此结束，多头市场开始。

格兰维尔法则：移动平均线从下降逐渐走平且略向上方抬头，而股价从移动平均线下方向上方突破，为买进信号；股价位于移动平均线之上运行，回档时未跌破移动平均线后又再度上升时为买进时机；股价位于移动平均线之上运行，回档时跌破移动平均线，但短期移动平均线继续呈上升趋势，此时为买进时机；股价位于移动平均线以下运行，突然暴跌，距离移动平均线太远，物极必反，极有可能向移动平均线靠近，此时为买进时机；股价位于移动平均线之上运行，连续数日大涨，离移动平均线愈来愈远，说明内购买股票者获利丰厚，随时都会产生获利回吐的卖压，应暂时卖出持股；移动平均线从上升逐渐走平，而股价从移动平均线上方向下跌破移动平均线时说明卖压渐重，应卖出所持股票；股价位于移动平均线下方运行，反弹时未突破移动平均线，且移动平均线跌势减缓，趋于水平后又出现下跌趋势，此时为卖出时机；股价反弹后在移动平均线上方徘徊，而移动平均线却继续下跌，宜卖出所持股票。

也有用20日均线作为战术线的，操作方法是在20日均线低位走平时关注，开始向上拐头并且股价站上20日均线之上时买入，回调确认时加仓，20日均线向上移动一路持有，20日均线在高位走平时要注意警惕，一旦股价收盘跌破20日均线时立即清仓出局，日后20日均线继续上移，股价再次站上20日均线时再次买入，如此反复，直到股价不在创出新高，并跌破前低，而且20日均线拐头向下，结束该股操作，在20日均线向下移动和横盘整理中，保持空仓观望，耐心等待新一轮上升趋势形成后再择机介入。

更有用60日、72日或更长周期的，感觉不好，离现实行情太远。

买入当用长周期，卖出宜用短周期，整理市不适合用均线决定进出，行情持续时间太短，所有的均线都显得太过滞后，按此操作无利可图，有时甚至会蚀本。

如果运用好移动平均线理论，不但能判断出行情的真正趋势，还能够获取可观的利润，但由于移动平均线是股价定型后产生的图形，不能反映股价在当日的变化以及成交量的大小，应用上具有一定的局限性，如果能够综合运用其它技术分析方法，则可以达到更好的效果。

第二十章　波段理论

将每日的最高价与最低价的算术平均值作为计算日均价，也就是K线图的中间点，包括影线和实体，各计算日均价的连线为计算日均线，不管行情系统上有没有，自己就可以画，很简单，这样看起来直观，不清楚为什么不把日均线反映到K图中，应该有用，系统中的1日均线是收盘线。

画出来的线是一条锯齿线，该锯齿线运行一段时间后就会显现出波的形状，有波峰和波谷，每一个波谷的后面一定有一个波峰，而每一个波峰的后面也一定会有波谷出现，也就是说，波峰和波谷一定是间隔出现的，绝没有谷与谷、峰与峰相邻的可能，有峰必有谷，没有谷也就无所为峰，物极必反。

从中间点出发，点前连线斜率大于点后连线斜率成峰，反之成谷，相同则为直线。

锯齿线可以看做是微波，相邻三个交易日的相连，可能是谷－峰－谷，也可能是峰－谷－峰，还可能是一条直线，如连续涨停板间的连线。

两谷夹一峰构成一个波段，波段有大小之分，傻瓜炒股所依托的波段属于中波行情，周期一般持续 1 至 6 个月。

至于波段大小的划分，只具有统计学上的意义，实战中事前并不能确定行情的大小，股市最重要的事情不是涨多少，而是能跌多深，如果止损点设为 3%，则将跌幅≥ 3% 的行情视为可操作行情，而跌幅小于 3% 的行情就不必管它了，跌至 3% 即回升只能算运气不好，如果继续下跌超过 1% 后再回弹，可能你就不会白忙活。

回档或回调后再反弹所形成的凹线部分可视为短波行情，中波行情的升幅大约 20% 至 30%，一个中波行情中可能含有若干个短波行情，虽然事前并不知道主升幅中的降幅会有多大，但是可以明确的是 3% 以上的跌幅不是我们愿意接受的，短波的利润会很低甚至没有，乃至盈不抵费，没什么炒头，而且会很累。

中波的上一级为长波行情，周期较长，是拉升股、下滑股和徘徊股的划分依托，也许还有更长的波，这对于炒股意义并不大，不去管它。

事实上，无论是长期看涨行情，还是长期看跌行情，或是蹒跚学步行情，股票的价格走势均呈余弦曲线式波浪前进，从一个最低价位，经历一个最高价位，再走向另一个最低价位，由此构成一个完整的波段，每个波段都由前后两幅构成，以波顶为界，在此之前的为主升幅，在此之后的为主降幅。从一个波段，再走到下一个波段，如此循环往复，以至无穷，而每个波段的价格表现不尽相同：拉升股越走越高，下滑股渐行渐低，徘徊股几近如故。主升幅中有跌势，主降幅中有升势，波段周期有长有短，波段升幅和降幅有大有小。个股价格和大盘指数的表现大同小异，只是在时间上有个错时：个股的波段最低点不一定是大盘的波段最低点，大盘的波段最高值也不一定对应个股的波段最高价。

波段走势是对牛市和熊市而言，在整理

市中，一部分股票表现出脉冲形态，大起大落后小幅震荡走低，另一部分股票则会呈现出半波状态。

上海股市从1990年开市的96.05点起步，经历过一个主升期，在2007年疯狂飙升至6124.04点后开始下滑至2008年的最低点1664.93点，其后又于2009年反弹至3478.01点，之后开始节节败退，至2013年跌至1849.65点，目前是大势的低点位，正处于拉升起步阶段，这意味着新一轮长波行情即将开始。

潮汐论：股价的涨跌，如同海水潮汐，潮涨又潮落，潮落又潮涨，海水的表面多有波涛，波涛过后才现真实水位。潮汐有大小之分，股票行情也大小不一，而股价回落后的反弹过程就如同海面上起一次波涛，汹涌澎湃，不知深浅。炒股炒的是海水的潮汐而不是上面的波涛，关键在于要分清是波涛顶还是潮水位见顶，退潮前的回落都属于波涛见顶，大可以放心，而最高潮位可以用各种理论进行判断。

第二十一章　短线炒股的战略战术

所谓短线炒股是市场上比较流行的一种说法，其含义就是一次买卖过程的时间比较短，具体到多少是短并没有一个规定，不过从参与者的心愿来说是希望越短越好，对于T+1而言至少两天。

炒股一定要设定获利目标，目标低好达，但也容易断送尚好的升势；目标高难达而危险，但良机也多。

应当按买卖股票的时间间隔长短划分短线、中线和长线，短线炒股以追求日收益最大为目的，宽以时日，以一个月为限；按波段进出的炒作为中线炒股，大约要持续几个月的时间；按大势周期进行买卖的炒作为长线炒股，数月至数年不等。

短线炒股是非常辛苦的，上下午各两小时必须坐班，需专职人员操盘，纪律性是第一位的，最好有个短线炒股软件帮你选股。

短线炒股要领：

一、一定要有短股池，以确保有足够的股票备炒；

二、所选股票一定要有主力介入，股价日波动幅度一定要大，也就是股票的活跃性一定要强；

二、“个股筑底的时候不做短线，这不是说筑底的时候不能抢反弹，只是底在哪里，谁都不知道，是上还是下，谁都不知道，只有抬腿迈开了步，才容易看出前进还是后退，因此，一定要时刻牢记，要在突破的第一时间抢入，切不可与庄家同步建仓筑底。”；

三、主降幅不做短线，此时做短无异于虎口拔牙，凶多吉少，风险太大；

四、阴线高位和阳线低位都是比较难求的，买阴线的低价位，卖阳线的高价位；

五、遵循尾市理论；

六、一定要设置止损点，并严格遵守规则；

七、涨停板必卖，除非连续涨停板信息证实为真；

八、盘中累计获利达到16%(一周内8%)、盘末累计获利超过10%（一周内5%）时必卖；

九、盘末单日获利超过6%（一周内3%）时必卖；

十、稳定低价买入即可；

十一、买一个涨停板后面的回落；

十二、卖出可抢冲高，发现回头即刻出手，可采用五档即成剩余转限价交易法，出手要快；

十三、主升幅少有两连阴，第二个阴线一定要跑；

十四、单股炒作以一个月为限，到期了结，无论盈亏；

十五、看着分时走势图做，留意大盘和消息面，严防不测；

十六、同期短线炒股以一只股票为宜，最多不要超过三只，否则忙不过来。

涨跌不在阴阳而在于收盘价位的高低，主升幅多阳线，日后之高价一定有比今日之低价高的时候，要有耐心。

进入不宜过速，宁可外面看涨，不在里面等涨，看准了再下手；目标不宜过低，做到该留不溜，当得不过，且不可鸡飞蛋打，小的已然溜掉，大的却没等到，二者之间权衡。

短线炒股可以把当天的大涨留下，嘴边的利润不至于像坐过山车一样白白地溜掉，如果碰到涨停板，获利尤为可观。

做短线的好处是既不用抄底，也不用逃顶，省去许多烦恼，而且见效快，资金周转快，利润高；坏处是缠身，精神长时间处于紧张状态，风险大。

盘整时不宜有波段思维，此时短线做得好或许可以获得一些微利。盘整市赚钱之策，在于下调目标，决胜单日，一个月的期限就是为了等待某一天的到来，牛熊市一周可见短线获利，而盘整市若能够月内短利现也就烧高香了。

做短线要有存量资金配合，拿出资金总量的 20% 作为备用金炒短线应该不失为一计良策。

目标限定法可能比随波逐流地跟着行情走到终点更科学稳妥，既应当止跌，又需要保利，如果赌博也能这样，量力而行地设定好止损点和保利点，把输赢限定在一个可以接受的范围内，可能会更娱乐一些。

目标的取值，应根据市情的强弱而调整，

业余炒作的利润比银行略高就成，职业炒股的年盈利 50% 就很高了，人心不足蛇吞象，没有知足的时候，由此，中线设定 26% 的目标值应当是可以接受的，当然，目标前到顶必跑无疑。

可以采用动态指标，即目标值随着实现目标耗时的增加而递增，一个月 10% 抛，没成则二个月 16% 抛，再没成则三个月 26% 抛。

各参数宜按黄金比例晋级或降级，即相邻数字之比约为 0.618 或 1.618，如 3，5，8，13，21，34，55 等。

股市有自己的二八定律，即 80% 的利润是利用 20% 的时间赚来的。要善于等待，机会是抢来的，更是等来的，一旦机会降临，就应立马出手，丝毫不能犹豫。

关于股市的赚钱技巧，应该在股票之外的技术中寻求答案，本书所采用的方法可以归纳为截留和围堵，截即是将盘中可观的冲高截获，留则是把盘尾的目标利润留下；围是指运用利润墙把上涨的股价围起来，堵是当股价下跌至利润墙的某一高度时把利润墙堵住。截与留分兵作战，各负其责；围和堵则组成联合体，协作御跌。前者较适合于短线炒股，后者则更便于波段的炒作。

穿梭回荡法：炒股如同荡秋千，在冲到一定高度后，需要回荡蓄势再次冲高，钟摆也是这样，会有一个向心力，高了向下，低了向上，炒家在随着股价上升到一定高度后，可选择已完成回挡的相对低价位股票跳过去，从而实现自身的回荡，以便再次借力冲高。优选一组处于主升阶段的拉升股 8 到 10 只，捡回调幅度较深的一只股票买入，当感觉该股价格的升幅比较满意或者认为该股升途渺茫时，弃旧迎新，再换到另一只价格跌幅较大的股票上来，获利后再换，换了又换，直至无股可换为止，通过切换回调股来实现自身的回荡，充分利用股市轮动效应。此方法可给深跌股阶段性补仓，也可让阶段性获利丰厚股躲避回调风险。该方法不定目标，没有平仓操作法那么缜密精准，炒家可以随心所欲，操作的趣味性更浓。要注意成本，严防偷鸡不成反蚀一把米。

股价的涨跌是接力式完成的，但接棒价格在一定范围内随机分布，今天的红线不一定高于昨天的绿线，而明天的阴线也不一定低于今天的阳线，关键在于开盘价位和走势，如果规则是在昨日收盘价位上开盘，隔夜不隔市，今日延续昨日市场，给昨日未完成交易以机会，拖一下野马的后腿，这样K图就会是另一番景象，日间涨跌就变成了真正意义上的接力赛，虽然会有掉头现象，昨日尾与今日首在同一水平线上，没有跳空，没有早盘集合竞价，省去许多麻烦，趋势更加明显，仅凭颜色就能看出日间的涨跌，一目了然。

第二十二章 大盘股指与个股股价

大盘指数是由证券交易所或金融服务机构编制的表明股票行市变动的一种供参考的指示数字，也就是表明股票行市变动情况的价格平均数。编制股票指数，通常以某年某月为基础，以这个基期的股票价格作为100，用以后各时期的股票价格和基期价格比较，计算出升降的百分比，就是该时期的股票指数。投资者根据指数的升降，可以判断出股票价格的变动趋势，并且为了能实时的向投资者反映股市的动向，所有的股市几乎都是在股价变化的同时即时公布股票价格指数。

沪市的“上证综合指数”以上海证券交易所挂牌上市的全部股票（包括A股和B股）为样本，以发行量为权数（包括流通股本和非流通股本），以加权平均法计算，以1990年12月19日为基日，基日指数定为100点的股价指数。深市的“深证成分股指数”是从深圳证券交易所挂牌上市的所有股票中抽取具有市场代表性的40家上市公司的股票为样本,以流通股本为权数,以加权平均法计算,以1994年7月20日为基日，基日指数定为1000点的股价指数。

计算股票指数时，往往把股票指数和股价平均数分开计算。按定义，股票指数即股价平均数,但从两者对股市的实际作用而言,股价平均数是反映多种股票价格变动的一般水平，通常以算术平均数表示。人们通过对不同的时期股价平均数的比较，可以认识多种股票价格变动水平。而股票指数是反映不同时期的股价变动情况的相对指标，也就是将第一时期的股价平均数作为另一时期股价平均数的基准的百分数。通过股票指数，人们可以了解计算期的股价比基期的股价上升或下降的百分比率。由于股票指数是一个相对指标，因此就一个较长的时期来说，股票指数比股价平均数能更为精确地衡量股价的变动，个股变化的总和决定了大盘指数。也就是说，大盘指数上升，表明当天上升股数大于下跌股数，反之亦然。

大盘股指呈箱型震荡时，加权平均股价重心却在不断下移，股指的虚高已是不争的事实。股指虚高现象不只是在沪深股市才存在，世界各地股市都走过这样的历程，那就是影响指数变化的大盘权重股不断加入，以及绩优股不断推高股价，垃圾股股价不断下跌而形成的，沪深股市正在这个历程中，并在不断加速。近几年以基金的价值发现及以业绩主导的理念已被市场所接受，这一理念还在不断向纵深发展，我们看到基金重仓股多为影响股指变化的权重股，并且这些股票业绩好股价稳定，如中国石化、招商银行、G长电、华能国际等，其中中国石化权重高达13.16%，这些股票股价走高与企稳，或轮番拉动，股指自然会出现上涨或企稳。随着股权分置改革的不断深入，以及产业结构调整，经济增长速度放缓等因素，股价结构性调整速度还会加快，股票市场的平均股价与股指的差距会更加大。

考证股市是否真实繁荣，不应只看指数的涨跌幅多少，而更应跟踪市场平均股价的变化，因为在单边市中真正反映市场状况的应该是平均股价。如5·19行情启动前证券市场股指收盘点为1065.56点，市场加权平均股价为8.01，而2005年12月7日，股指收盘为1099.61点时，市场平均股价才4.19元，如果按平均加权股价进行股指换算，那么当前的上证沪指实际指数应该在557点附近，也就是说相比之下，股指在近同一水平下，6年来市场平均股价跌幅达47%，而股指却处于同一水平。

个股股价是前事件，大盘指数是后事件。个股股价的走势是主动行为，大盘指数的变化是被动反应。个股股价会看大盘指数的脸色行事，据此调整自己的走势，从而又影响大盘指数的涨跌。也就是说，个股股价决定大盘指数，大盘指数反作用于个股股价，二者相辅相成。

大盘上升是升多降少，大盘下降是升少降多。总体来看，如果个股在上升行情中遭遇大盘见顶下挫，行情大多会被腰斩见顶。个股主降幅如与大盘主降幅遭遇，个股大多会跌跌不休，波底则会盘整绵绵。个股波底与紧随其后的大盘指数顶的距离越远，个股的升幅行情越大，反之则小。操作时一定要注意大盘动向，不但要注意个股位置，同时要注意大盘的位置，二者很难同步，在大盘大跌时个股不为之所动者少之又少。查一下历史，看看你的股票与大盘的同步性，是顺向还是逆其向而行之，做到心中有数。

在大盘主升幅中，指数上扬时个股可能下挫，但总体趋势会看涨；在大盘主降幅中，指数下跌时个股可能上涨，有的甚至会出现涨停板，但总体趋势会看跌，即使不跌也没什么涨头。升中有降，降中有升，明辨主次，抓大放小，万全之策。

板块的轮动效应该是显而易见的，并由此推动大盘的逐步上扬。当股指在权重大盘股的指引下，重新由熊转牛之后，权重大盘股往往维持原地踏，或偶尔上涨，然后是横盘消化的格局，接下来就轮到各行业的龙头股大显身手，此时市场上的概念和题材层出不穷，基金和券商以及境外投资者包括私募这些集团军的资金往往是不断地入驻某个板块，营造出市场的热点，这时候，我们往往可以看到涨幅居前列的个股中，有不少股票之间都存在着某种关联性，即某个板块会形成热点，而当获利丰盈之后，这些大户就会设法从热点中撤退，再选择其它的板块介入，从而形成新的热点。

因此，在牛市主的升阶段，板块轮动是主旋律，且不可受主力的引诱而在板块热点已经过热并行将消退时接手，然后又看到别的板块也开始走热，于是不断地割去手中的股票而去追赶热门板块，这样追涨杀跌，势必会造成亏损。

短线高手可以紧跟热点操作，高抛低吸，在板块热点的轮动中操作的顺风顺水，而缺乏技巧的投资者则是应当耐心持股，等待手中股票所处的板块走热。

每一轮牛市，无非先是由大盘股指引向上，然后是业绩优良的一、二线行业龙头股开始发力，板块轮动，接下来在绩优股价格被炒高之后，开始轮到低价的三线四线股发力，最后往往是在 ST 之类的垃圾股疯狂的盛宴中落下牛市的帷幕。

第二十三章　股市的底和顶

股价由主升变为主降的转折点即为顶，由主降转为主升的转折点就是底，顶和底结对而出，有底就有顶，有顶就有底，有大势底和顶、波段底和顶、回档顶和底、回调顶和底之分。

由于认知上的差异，大众的选择永远是分散的，形势越明朗，选择的一致性越强，有自然现象属性。

当股市上有了一定的盈利，易满足的人开始卖出手中的股票，随着股价的走高，满足的人越来越多，当抛售成主流时，就会见顶回落，随着跌势的愈见明朗，跟风者渐涌，该顶属于自然顶，应为圆头顶，倘若庄家觉得上涨不到位，就会力挺，股价下跌不久就会见底反弹，从新步入升势，跟风者涌出。

回档是自然回落，是民意的反映；回调

是人为回落，是庄家出于自身的需要所做的动作，至于原因不得而知。反弹一定是庄家的举动，只有庄家才能做出万众一心的举动。

大势和波段的底和顶源出一辙，应该是大户，多半是庄家，觉得可以了，行情该结束了。在领头羊的带动下，顺势而为，无论涨跌，趋势自然而然，涨和跌都会有自身的惯性，庄家只需启动和加速就可以了。

大势顶是拉升股和下滑股的分水岭，波段顶是主升幅和主降幅的分界线，大势顶同时也是一个波段顶的。涨久必跌，跌久必涨，物极必反。

坏消息可致见顶，好消息可致见底，顶和底的大小与消息的威力大小成正比。

回档或回调后再反弹所形成的底没什么整理，缺少筑底痕迹，一般很快就会拉升；波段底要有一个筑造过程，而大势底则会伴随更长时间的整理过程。是底就可以进，进前者要快，入后两者宜慢。

回落底一般不会低于行情波底，而反弹要高于此前回落点，如果反弹不及回落或者持平就失去了意义，在反弹超过回落点之前一般不会见波顶。

整理市多反复，需要几个回合才能涨回来的顶可以看做是阶段顶，此时不应有波段思维。

M顶应该是托市不成的结果，高位市难托，预示行情该结束了；W底多半是压出来的，低位底易筑，应该是飙升的前兆。高位M要跑，低位W宜进。

一日之内的底和顶是有限定的，普通A股的涨跌幅以10%为限，ST类股的涨跌幅以5%为限，首日上市、增发上市、恢复上市等几种情形不受此限制，日涨幅达上限时称为涨停板，日跌幅达下限时称为跌停板。

涨停板在限定卖方获利空间的同时降低了买方的成本，所以买盘踊跃，惜售情浓，涨停板股票的未来走势与买方的心里低价位置及相应人数成正比，如果相去甚远，就会连续几个涨停板，直至满足需求为止，这其中不乏跟风者，之所以如此，庄家脱不了干系，也许需求是真的，也许是在骗钱，但不管怎么说，给疯狂的股市刹车总是好事。

跌停板在降低卖方出手股票机会的同时

给快速下滑的股市以制动，延缓跌势，但想出手的总归是要出手的，直至跌到心里低位或者该卖的都卖了为止，是恐慌加剧的结果。

涨停板如同彩票中大奖，可遇而不可求，只要不是做短线，涨不涨停板其实并不重要，而跌停板最好不要给机会碰到，只要严格止损一般不会，如果碰到了只能认倒霉，不要抱有任何幻想，来个死猪不怕开水烫，顺其自然，会回来的，只是时间问题，暂时当做没有这只股票，不去理它。

底可以不抄，相对较低即可，抄底费时耗力伤心情，煎熬得很，而且容易跌进陷阱。

波段顶和大势顶不可以不逃，用历史统计法预估顶的位置，用均线死亡交叉做决断，此时炒股软件可以帮你断后，要时刻注意消息面和大盘动向，严防不测。

应当强调的是，炒中线就应当雷打不动地跟着行情走到尽头或者抵达目标价位，绝不为蝇头小利所诱惑，即使是块大蛋糕也在所不惜，炒股靠的就是这种精神，讲原则不讲灵活，而平仓操作法则不失为防过顶的必杀技。

这里再谈谈止损的问题，止损是为了纠错，之所以错是因为看错方向，看错方向是指该买升结果买的是跌，该买跌结果买的是升，炒股只能做单向，只要是在主升幅的底部进入就不会错，除非看错底，这一点绝对应当是小概率事件，否则股票就没得玩，如果是把把弄错，就应该看医生修理修理大脑，提高判断力。即使不是底也会离底不远，止不止损没多大意义，早上船晚上船早晚得上船，关键是怕拉升股变为下滑股。再者，达到止损点就可以看成是大跌，可以卖了再买，抢个反弹，挣点小钱。只要确认不是大顶，又不想挣小钱，中线炒股的进程中完全不必止损，但短线炒股止损是必须的，因为它不是我们所期望的趋势走向。

第二十四章　股价下跌也赚钱

我们知道，低价买入，高价卖出，是做多打法。高价卖出，低价买入，是做空打法。现行股市交易规则不允许卖空，即只能卖你所拥有的股票，没有不能卖。

买入的股票若能按照所期望的方向上涨固然可喜可贺，如果股票买入后与期望背道而驰也不要沮丧，因为我们选择的股票是底部拉升股，对于这样的股票来说，任何下跌都只是暂时行为，会回来的，只是时间问题。当股价下跌至止损点时，就基本确定跌势已成定局，要赶快抛售止损，以免损失进一步扩大。

此阶段操作，赔钱是必然的，只是别慌，机会就在眼前。

盯紧该只股票，因为它再怎么跌也会有止跌企稳的时候，当股价回升迹象明朗后按原股数买回。这样，你当初的卖出价与现在的买入价之差就是你的毛利。当然，这需要股价能涨回到最初的购买价位予以支持。

股票还是那只股票，股数还是那些股数，如果这只股票经过此番下跌洗礼之后，仍能按照当初的预期上涨超过最初买入价，岂不是如愿以偿。如果此番操作的毛利大于买卖成本，你就会有所斩获，小有盈利，弥补你的亏空。

股票总会有止跌企稳回升时，用上涨回报炒股之人。如果碰到下滑股和徘徊股也可依此法进行操作，只是别指望股价会升回到原价位，见波顶就跑，或许可弥补损失。

持股待涨是在赚钱，持币候跌也是在赚钱，关键是要有个度，该出手时就出手，否则黄粱美梦一场空。你看好的股票，候其下跌就是在降低成本，是在赚钱。

做长线和做中线的区别就在于，前者只做多而后者是多空都做。10 元股票半年内升到 15 元，但不是一次性涨上去的，而是分了三个波幅。第一波幅从 10 元涨到 13 元，第二波幅从 13 元降到 11 元，从而构成一个波段；第三幅从 11 元又涨到 15 元，但是这一波幅属于下一个波段。做长线只是从 10 元等到了 15 元，获利 5 元；而做中线则是 10 元买入 13 卖掉，获利 3 元，然后持币等待股价从 13 元降到 11 元后买进 1.2 股（比例），股价从 11 元涨到 15 元赚 4.8 元，其中的 0.8 元就是做空赚来的，这样总盈利就是 7.8 元，比长线多赚 2.8 元。

如果水平高的话还可以再炒炒短线，利润会更丰厚。短线是金、中线是银、长线破铜烂铁就是这个道理，倘若中短线玩不好，收获可能还不及破铜烂铁的长线，所以才有长线是金的观点。聪明的炒股选择是，在长期看涨的股票上做波段，在波段行情中伺机偷食，也就是大海里坐船捞鱼，水涨船高，这样即使钓不到鱼，也会自抬身价。

男怕入错行，女怕嫁错郎，股票炒家怕的就是选错股票，误上贼船，只要选对股就不至于蚀本。

虽说是股海茫茫，我们总要炒作；无论经历多少次沉浮，总有抵达目标价位的时候。对于中长线而言，每一天的涨跌都是过眼烟云，关键是大势将趋向何方。待到山花烂漫时，他在丛中笑。

后 记

炒股不能机械化操作，要善于应变，但万变不离初衷。要时刻牢记止损和保利原则，做到心中有数。有奶便是娘，白猫黑猫，抓住老鼠就是好猫。书中的某些观点可能颠覆了某些人曾经的认知，一些人看了会感到很不舒服。请不必介意，傻人有傻办法，不能和聪明人相提并论。没办法，谁让我们傻呢，傻就傻到底吧。

普通股民应当站在股票之外看待股票，不究其内，只观其外，挖空心思地琢磨，如何才能根据价格的走势，把上涨留住，把下跌躲过。

学习不好不能怨学校，病没治好不能怪医院，股票没做好也不能就说明炒股方法不好。对待新生事物都有个接受和熟悉的过程，不能操之过急，一口吃个胖子。遇事三思而后行，多行不慎必自毙。切不可妄自菲薄，白白断送大好的炒股前程，要有坚韧不拔的毅力，永不言败。当然，世上没有绝对的灵丹妙药，事物总是在不断发展和完善中前进，傻瓜炒股手册也是一样，会存在不尽如人意的地方，没关系，慢慢升级。

炒股是在做一种买卖，不可能人人都做同一种买卖，也不可能千篇一律地做。

有的知识是必须掌握的，有的知识仅限于了解，要分清主次，要有自己的侧重点。

2014 年 6 月 26 日止笔于青岛悦泉公寓

作者详介

宋子强（1961–），工学博士，工程技术应用研究员，职业炒股人。

宋子强原名杨克生，后改名杨永勤，笔名宋子强，网名涅槃更生，个性签名股市人生，祖籍辽宁台安，黑龙江省克东县生人，出身教师家庭，兄弟姐妹6人。

童年时跟随下放劳动的父母迁居克东县团结公社翻身大队第五小队，返城后就读于克东县实验小学，一次兄妹间的嬉戏造成左上臂骨折。中学时代就读于克东二中，高二时自荐以在校生身份参加高考，落榜后转入该县一中，毕业时考中克山萌芽师范学校，因不喜欢教师职业而放弃，回克东一中插班复读。

1980年考入东北林学院林区道路与桥梁工程系，毕业后分配到林业部大兴安岭林业管理局林业勘察设计院，从事道路桥梁勘察设计工作，设计道路四百余公里，桥梁十余座，提出“桥头导流堤各段顶面标高应一致”等观点，期间与教师龙凤霞结婚并育有一子。

国家迁徙政策松动后，于1993年调入青岛市第二市政工程公司第二工程处，从事施工技术与管理工作，参建工程十余项，新创“砖砌架桥机底座”等施工工艺，因感觉工作环境不利于“与时俱进”而辞职，到青岛广平工程技术开发有限公司担任总工程师。

2002年，以同等学力身份考入北京工业大学交通研究中心，师从时任该校副校长刘小明教授，脱职从事交通规划与管理博士研究，获发明专利一项，撰写毕业论文《城市道路节点规划设计理论与方法研究》。在移民浪潮的影响下举家移民加拿大，后因不习惯西方老气横秋的生活氛围又回到国内。

博士毕业后应聘中国石油山东青岛销售公司，从事成品油销售工作，初期下放加油站实习锻炼，自己戏称进站做博士后，一年后调入中国石油山东销售公司调运处，从事成品油调度工作，兼任中国石油山东地区公路运输稽查，期间发表《成品油公路运输配送综合评价指标体系研究》等论文多篇，其中数篇获部级优秀论文奖。

2009 年底调入中国石油工程建设公司华东设计分公司，先被派往四川石化项目部，月余后调回华东院总部，在储运室总图组，从事厂内道路设计。因工作需要被派往呼和浩特石化项目部，从事质量管理工作，提出“质量的关键在于责任心”，并把责任心归结为五心，即“业务要专心，工作应细心，处事需耐心，行事必小心，决断凭良心”。工程竣工后被安置在华东院市场开发部，兼职勘察设计施工图审查员。

2013 年 4 月 11 日，在施工方案评审会上突然昏迷，被 120 送往莱西人民医院急救，确诊为脑溢血并导致右侧肢体瘫痪。病情稳定后转入青岛大学附属医院重症监护室，5 月初清醒后转入该院康复科，为不给家庭带来过于沉重的经济负担而于 7 月 17 日早餐间跳楼梯自杀，但死神并未与他握手。

同年9月18日出院回家，一边做康复训练，一边研究炒股，著就《傻瓜炒股手册》一书，书中对我国当前股市进行了透彻剖析，向读者传授了只赚不赔的炒股绝技，首创平仓从操作法，给广大股民指出了一条光明的炒股必盈之路。

宋子强博客地址：

http://blog.sina.com.cn/szq158553255

生命不息 战斗不止

——记《傻瓜炒股手册》作者宋子强

宋子强生于 1961 年 10 月 19 日，工学博士学位，教授级高级工程师，目前是职业炒股人。

宋子强原名叫杨克生，后改名为杨永勤，宋子强是他的笔名，现用网名涅槃更生，个性签名股市人生，祖籍辽宁台安，黑龙江省克东县人，出身教师家庭，兄弟姐妹 6 人。

儿时起便遭遇到十年风暴，小学和中学时期的他是有名的“淘小子”，逃学猎鸟，偷驾毛驴车，独自攀爬二三十米高落地烟囱，私自驾驶手扶拖拉机，自制鸟笼、耳机、二胡及猎枪（当时不违法）等，12 岁时就掌握了配锁技艺，在当时看来可为“不学无术，不务正业，无恶不作”，学校向家长告状更是家常便饭。

姐姐的金榜题名让其意识到，大学并非遥不可及，自此拿起书本开始学习，连汉语拼音都不会的他，用三年时间重新学习了中小学全部课程，80 年以略高于当年重点分数线的成绩考取一般院校东北林学院，专业是林区道路与桥梁工程，对于这一结果他不但没有兴高采烈，没有为自己即将步入神圣的高等学府而欢呼雀跃，反倒是垂头丧气、失魂落魄，大病一场，个中原因不得而知。

进入大学后，其精神面貌一直是比较消沉的，有种事不关己、高高挂起的心态，学习成绩还算说得过去，对待集体活动非常冷淡，不很合群，总给人以局外人的感觉，在当时看来，属于思想不要求进步，不靠近组织，无远大抱负之人。由于表现平平，和老师的关系也不是很愉快，划半径被分配到大兴安岭，自认为是发配，临行前甩下一句“我的儿子不会生在大兴安岭”便踏上征程。

初到大兴安岭，举目无亲，所幸凭借临行前表哥写的推荐信得以留在林管局所在地，分配在林业勘察设计院，从事道路桥梁勘察设计工作。设计院在当地是个大单位，条件较好，待遇也不错，就是工作条件比较艰苦，经常出外业，风吹日晒，冒雪严寒，当地用一句流行话“远看像要饭的，近看是设计院的”来形容设计院的工作性质。尽管如此，数年的独身生活过得还算滋润，工作之余喝点小酒，打打麻将，玩玩乒乓，踢踢足球，学学绘画，练练小提琴，显得很充实，有点乐不思蜀。但有一点一直铭记于心，那就是决不能扎根于此，为此一直没有在当地谈恋爱。随着年龄的增长，伙伴们相继结婚生子，在父母的多次催促下，经同学介绍，与一女中学教师结婚并育得一子，结束了七年的独身生活。

此时的宋子强思维还是蛮超前的，默默地做着改变命运的努力。曾以半价购买国库券，参加过律师函授学习，参加过研究生入学考试。对社会敏感问题也能用心琢磨，弟弟的晚期血癌让其意识到，癌症可以早发现早治疗，早在 1987 年就提议建立国民身体年检制度，设立终身档案并可作为证明身体状况的依据，为高考、参军等提供帮助，因当时所采用的渠道不很对路而不了了之。

国家迁徙政策松动后，于 1993 年跟随东林大师兄调入青岛市第二市政工程公司第二工程处，从事施工技术与管理工作，工作三起三落。起初在青岛环胶州湾高速公路海域段李村河大桥从事技术工作，一年后调往洒阳河桥工地，由人工利用千斤顶和小平车架桥，转年代理施工队队长，年底因不习惯同事间内耗而辞去队长职务，到公司二处总部整理该高速公路桥梁竣工图。次年前往青岛李村河污水处理厂，承建加氯间和回流渠等工程。转年又随队进驻青岛延安三路污水泵站工地，建造泵房及办公楼等工程，年底接任施工队长，转年辞去队长职务，到公司正和装修公司工作。1999 年初调往青岛李村河污水处理厂二期任项目经理，2000 年底前往山东曲阜承建污水处理厂，春节过后辞去公职，月余后应聘青岛广平工程技术开发有限公司任总工程师一职。

2002 年，以同等学力身份考入北京工业大学交通研究中心，师从时任该校副校长刘小明教授，脱职从事交通规划与管理博士研究，获发明专利一项，撰写毕业论文《城市道路节点规划设计理论与方法研究》。在移民浪潮的影响下举家移民加拿大多伦多，一年后因不习惯西方老气横秋的生活氛围又回到国内。

博士毕业后应聘进入中国石油山东青岛销售公司，从事成品油销售工作，初期下放加油站实习锻炼，自己戏称进站做博士后，一年后调入中国石油山东销售公司调运处，从事成品油调度工作，兼任中国石油山东地区公路运输稽查，期间发表《成品油公路运输配送综合评价指标体系研究》等论文多篇，其中数篇获部级优秀论文奖。

2009 年底调入中国石油工程建设公司华东设计分公司，先被派往四川石化项目部，月余后调回华东院总部，在储运室总图组，从事厂内道路设计。因工作需要被派往呼和浩特石化项目部，从事质量管理工作，提出“质量的关键在于责任心”，并把责任心归结为五心，即“业务要专心，工作应细心，处事需耐心，行事必小心，决断凭良心”。工程竣工后被安置在华东院市场开发部，兼职勘察设计施工图审查员。

2013 年 4 月 11 日，在施工方案评审会上突然昏迷，被120送往莱西人民医院急救，确诊为脑溢血并导致右侧肢体瘫痪。病情稳定后转入青岛大学附属医院重症监护室，5月初清醒后转入该院康复科，为不给家庭带来过于沉重的经济负担而于7月17日早餐间跳楼梯自杀，但死神并未与他握手，仅摔断了两节腰椎骨、一根肋骨和一侧坐骨，手术后并无大碍。

同年9月18日出院回家，一边做康复训练，一边研究炒股，著就《傻瓜炒股手册》，书中对我国当前股市进行了透彻剖析，向读者传授了只赚不赔的炒股绝技，首创平仓操作法，给广大股民指出了一条光明的炒股必盈之路。

致命的脑干出血量15毫升未能夺走他的生命，自杀也未能遂愿，出院回家后仍能在电脑上耕耘不辍，发表论文多篇，涉及诸多领域，自创系扣套头穿衣法，生命的奇迹令人唏嘘。

宋子强应属资深股民，1997年中签海信电器入市，股票上市当日获利沽售后三七开雇人炒作，炒过幸福实业、万向钱潮、新兴铸管、申华实业等股票，最后以蚀本告终，盈亏也未清算，其后自己买进几只股票放在那里，不闻不问，期间也曾数次异股，但均属随意而为。

海信电器送股前，自觉其股价坚挺，将来必定有戏，几乎全仓买进。可是，当股市波涛汹涌之时，该股却岿然不动，久而久之，给人以鸡肋的感觉。一日，上级领导前往他工作的加油站视察，站员工需要统一着工装，新入职员工未发工装，站长找来几件旧工装让新员工穿上，他感觉脏没穿，借故跑去交易所，把海信电器给抛了，结果数日后该股翻倍。

宋子强对自己人生经历的总结是：出生在县城，求学上冰城，发配到疆城，开放赴岛城，深造进京城，移民去多城，梦醒返岛城。下过乡，上过山，游过海，读过博，出过国，进过站，住过院，宅过家。

宋子强近乎传奇的人生经历，充分地诠释了“一切皆有可能”这句至理名言。